**STEINERNE MONUMENTE**
Unweit von den *Four Corners*, an denen die vier Bundesstaaten Utah, Colorado, New Mexico und Arizona zusammentreffen, liegt das Monument Valley, mit seinen bizarren Felsbauten Kulisse in zahlreichen Hollywood-Filmen. **COLORADO-PLATEAU, USA**

NATIONAL GEOGRAPHIC

Eugen E. Hüsler
und Michael Ruhland

# NATIONAL GEOGRAPHIC

## Wie Sie die Berge noch nie gesehen haben

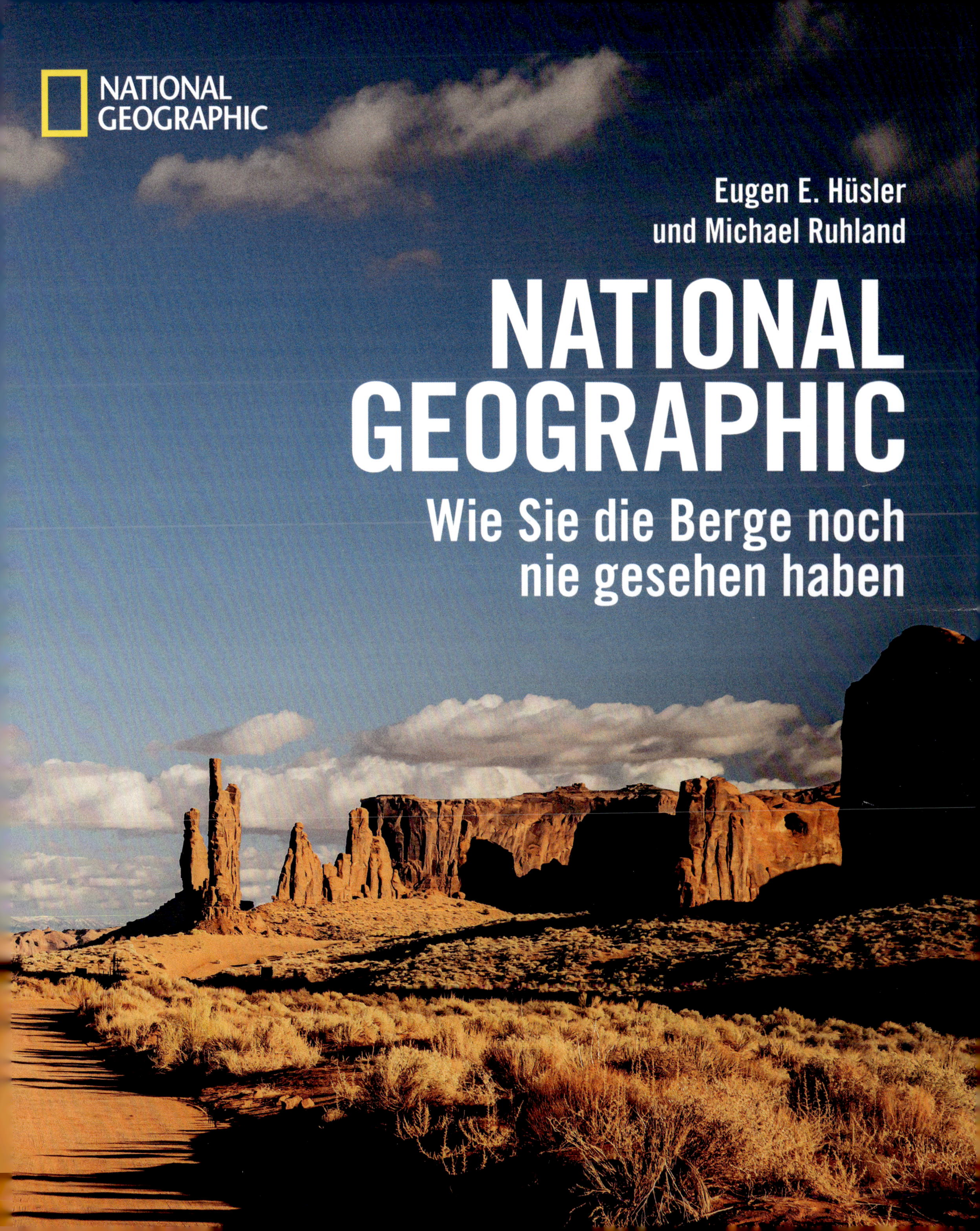

# INHALT



**SEITE 1: GROSSE KLEINE KATZE**

Der Puma *(Puma concolor)* ist die viertgrößte Katzenart der Welt; sein Verbreitungsgebiet erstreckt sich über fast den ganzen amerikanischen Kontinent, von den USA bis Patagonien. Trotz seiner beachtlichen Größe gehört der Puma (auch Silberlöwe, Berglöwe, Kuguar, in den USA Panther) zu den Kleinkatzen. PATAGONIEN, CHILE

**DER »RAUCHENDE BERG«**

Er macht seinem aztekischen Namen als »rauchender Berg« alle Ehre. Immer wieder stößt der Popocatépetl (5426 m) Asche und Magma aus, bis heute. Das führt dazu, dass der Flughafen der Stadt Puebla, unweit von Mexiko-Stadt, ab und zu gesperrt werden muss. Und Touren am Popocatépetl verboten sind. SIERRA VOLCANICA TRANSVERSAL, MEXIKO

**TRANSHUMANZ**
Wie vor tausend Jahren sind auch heute noch große Schafherden während des Sommers in den Hochalpen Frankreichs unterwegs. Schäfer kümmern sich um die Tiere, zusammen mit Herdenschutzhunden. **HAUTES-ALPES, FRANKREICH**

**SCHNEE VON GESTERN?**
Übers Wasser zum Eis: Paradise Bay und der Mount Walker im Norden der Antarktischen Halbinsel. Die rund 1200 Kilometer lange Landzunge ragt über den südlichen Polarkreis hinaus; sie gehört zu den sich am schnellsten erwärmenden Regionen auf unserer Erde. **GRAHAMLAND, ANTARKTIS**

**DER »BERGKRISTALL« AM MONTE ROSA**

Futuristische Architektur inmitten der Hochgebirgswelt der Walliser Alpen: die Monte-Rosa-Hütte. Ein Widerspruch oder die »Berghütte der Zukunft« (NZZ)? Der Neubau von 2009 ist mit seiner silbernen Aluverkleidung einem Bergkristall nachempfunden und mit modernster Technik ausgestattet. Blickfang und noch schöner: das Matterhorn.

**ZERMATT, SCHWEIZ**

**QOYLLUR RIT'I – EIN FEST IN DEN ANDEN**
Alljährlich zwischen Ende Mai und Mitte Juni findet in den Bergen südlich von Cusco das große Fest zu Ehren des »Schneesterns« (Qoyllur Rit'i) statt. Tausende pilgern dabei hinauf in das Hochtal von Sinakara (ca. 4500 m), wo nach uralten Inka-Riten und katholischer Tradition gefeiert wird. **CUSCO, PERU**

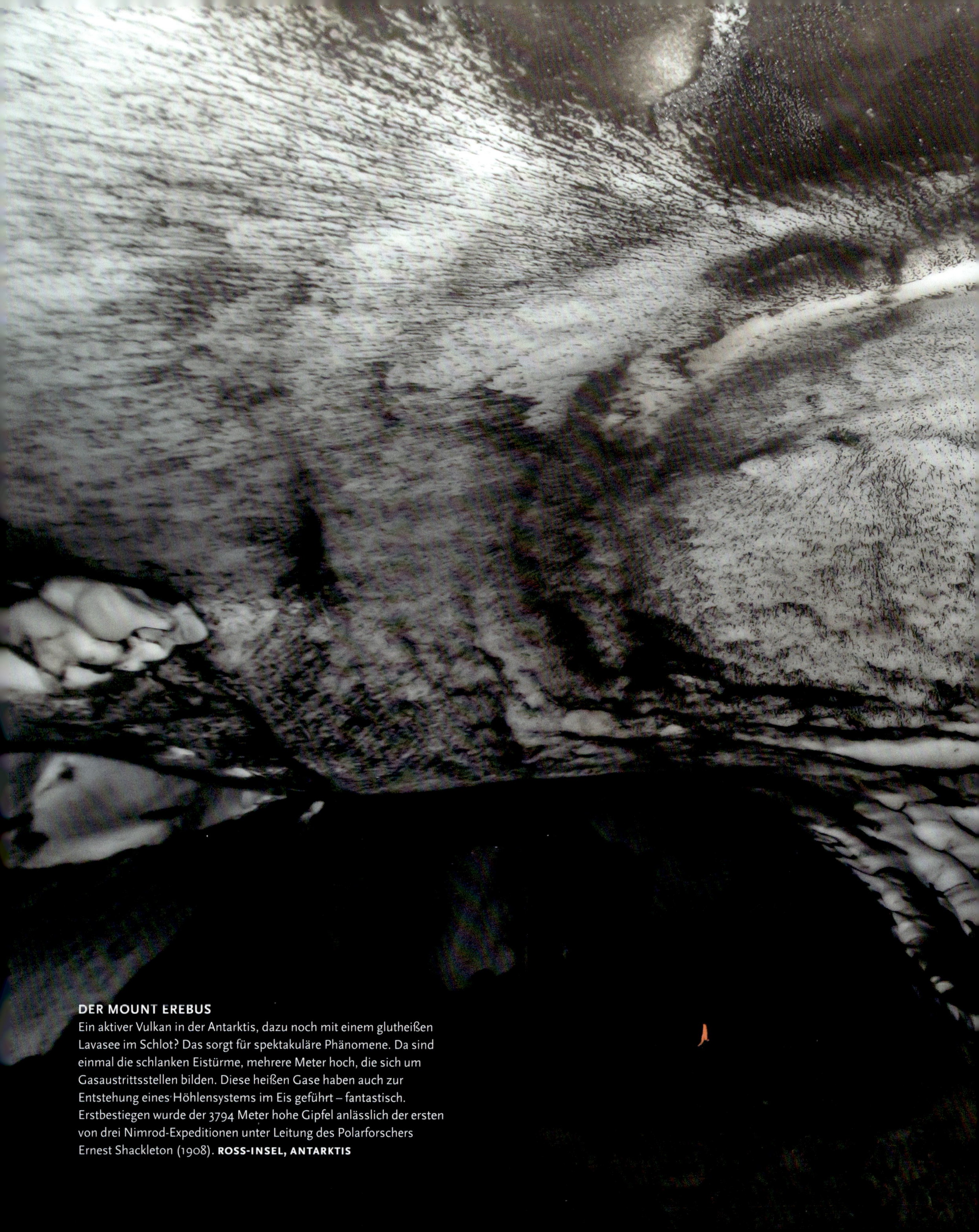

**DER MOUNT EREBUS**
Ein aktiver Vulkan in der Antarktis, dazu noch mit einem glutheißen Lavasee im Schlot? Das sorgt für spektakuläre Phänomene. Da sind einmal die schlanken Eistürme, mehrere Meter hoch, die sich um Gasaustrittsstellen bilden. Diese heißen Gase haben auch zur Entstehung eines Höhlensystems im Eis geführt – fantastisch. Erstbestiegen wurde der 3794 Meter hohe Gipfel anlässlich der ersten von drei Nimrod-Expeditionen unter Leitung des Polarforschers Ernest Shackleton (1908). **ROSS-INSEL, ANTARKTIS**

# VORWORT

Wer im Laufe der Jahrzehnte Tausende, nein Abertausende Bergbilder gesehen und gesichtet hat, ob nun in der Natur oder auf dem Bildschirm, der kommt angesichts dieses großen Projektes schon mal ins Schwitzen und Stocken. *Wie Sie die Berge noch nie gesehen haben* – Die Latte hängt verdammt hoch, der Anspruch ist, seien wir ehrlich, eigentlich nicht zu erfüllen. Jedenfalls nicht auf annähernd 300 Seiten. Das war die Ausgangssituation von meinem Autorenfreund und exzellentem Bergkenner Eugen E. Hüsler und mir selbst, der ich nun mehr als eine Dekade lang die Zeitschrift *Bergsteiger* leite.

Warum wir dennoch zugesagt haben, diesen Bildband zu konzipieren und in die Tat umzusetzen? Es hat uns gereizt, Berge einmal anders zu betrachten. Nicht nur als Sehnsuchtsorte, nicht nur von ihrer Schokoladenseite, sprich: bei schönem Wetter und Sonnenauf- und -untergängen. Wir wollten auch nicht die gängigen Superlative abbilden und im x-ten Bergebildband verewigen. Der Höchste, der Schönste, der Abgelegenste, der Schwierigste und so weiter. Alles Kategorien, die ihre Berechtigung haben. Aber eben nicht in einem Werk, das sich mehr als nur Ästhetik und Ruhm seiner Protagonisten als Auswahlkriterien vorgenommen hat.

Sie, liebe Bergfreundinnen und Bergfreunde, finden deshalb eine Gliederung vor, die andere Maßstäbe anlegt. Klar: Auch Eugen und ich lieben Bergbilder, die für die Ewigkeit sein könnten und die uns gedanklich in Landschaften und auf Gipfel tragen, denen wir uns als Teil der Natur zugehörig fühlen. Es gibt derlei Bilddokumente genug, dank einer Vielzahl erstklassiger Bergfotografen. Wir haben etwa zwei Dutzend ausgewählt und sie in das erste Kapitel gepackt, das die Überschrift *Monumente* trägt. Es sind Preziosen, ja, man möchte fast sagen: Sammlerstücke.

Wind, Wetter, Wasser sind die Formengeber, jedenfalls im Anschluss an die tektonischen und vulkanischen Prozesse, die die Berge der Welt geschaffen haben. Wasser in all seinen Aggregationszuständen, also flüssig, gefroren und gasförmig, hat den größten Einfluss auf die Verwitterung

**TANZ UNTER WASSER**
Eisberge können Millionen Tonnen schwer sein. Da Eis zwar leichter als Wasser ist, seine Dichte aber nur geringfügig unter der von flüssigem Wasser liegt, schwimmt ein Eisberg etwa zu 90 Prozent unter Wasser. Taucher, wie hier in Grönland, berichten davon, dass der Eisberg unter Wasser »arbeitet«, man höre ein ständiges Knistern und Plätschern. Die größten ragen bis zu 700 Meter unter die Meeresoberfläche, ihre Lebensdauer variiert je nach Größe von drei bis zu 30 Jahren. **GRÖNLAND**

der Gebirge. Deshalb haben wir ihm ein eigenes Kapitel gewidmet: *Wasserkraft*. Und ohne Wasser ist kein Leben möglich, weshalb der Mensch im Laufe seiner Geschichte sehr früh die wasserreichen Ränder der Gebirge besiedelt hat und allmählich ins Innere vorgedrungen ist; bis die Weltberge auch zum Spielplatz für eine Spezies geworden sind, die wir – in Anlehnung an die bergsteigerische Eroberung der Alpen – Alpinisten nennen. *Bergleben* heißt das Kapitel, das auch eine Hommage an die Tierwelt ist, die sich teils ihre eigenen Berge baut.

Im Kapitel *Steinzeit* gehen wir weit zurück in die Erdgeschichte. Nicht etwa mittels (ermüdender) geologischer Erklärungen, sondern im Sinne von kraftvollen Bildern, die die Formenvielfalt in den Weltbergen zeigen sollen. Ergebnis von Erosionsprozessen, die teils über Jahrmillionen ihre Wirkung zeitigten. In einer vergleichsweise sehr kurzen Zeitspanne – Historiker sprechen vom berühmten Wimpernschlag – hat der Mensch die Gebirge geprägt. Galten die Gipfel unseren Vorfahren oft als Sitz der Götter, waren furchterregend und mystisch zugleich, so gräbt der moderne Mensch tiefe Löcher in und durch die Berge, baut gigantisch anmutende Staumauern in Täler und Gebäude auf Gipfel, nutzt die Topografie für alle möglichen Sportarten und kulturelle Veranstaltungen. ***Werkstatt*** haben wir dieses Kapitel betitelt.

Dass er, der Mensch, dennoch klein und unwichtig bleibt, führt uns zum letzten Kapitel, das wir schlicht ***Zukunft*** genannt haben. Denn auch im 21. Jahrhundert werden wir Zeuge von Naturkatastrophen, die wir weder genau vorhersagen können noch in den Griff bekommen. Die Klimakrise wird uns in den nächsten Jahrzehnten gerade in den Bergen vor große Aufgaben stellen, die milliardenteure Investitionen nach sich ziehen werden. Und zwar allein dafür, das Schlimmste an Felsstürzen, Murgängen, Überschwemmungen und Sturmfolgen abzumildern. Es geht darum, dass wir uns gegen ein außer Kontrolle geratendes Wettergeschehen wappnen, das wir zu einem großen Teil selbst verursacht haben.

Wir wünschen uns, dass dieser Bildband dazu beiträgt, den Blick auf die Berge der Welt zu weiten und ihre Schönheit wie auch Verletzlichkeit, ihre Bedeutung und Schutzwürdigkeit ins Bewusstsein zu bringen.

*Dietramszell und Bad Bayersoien, August 2022,*
*Eugen E. Hüsler und Michael Ruhland*

**MI TELEFÉRICO**
Die bolivianische Hauptstadt La Paz (mit El Alto 3200–4100 m) besitzt das weltweit größte städtische Seilbahnnetz. Elf Linien (Stand 2022) mit einer Gesamtlänge von 34 Kilometern verbinden die verschiedenen Stadtteile. Stündliche Förderleistung 34 000 Personen. **LA PAZ, BOLIVIEN**

Beaufortsee
Banks-Island
Ellesmere-Island
Grönland
Alaska
Victoria-Island
Baffin-bai
Baffin-Island
Europäisc
Denali S. 132
Anchorage
Snæfellsjökull S. 22
Nesgja-Spalte S. 170
Reykjavík
Hudson-bai
Trollst
Prince Rupert
Labrador-see
Castle Mountains S. 54
Bugaboos S. 98
Calgary
Vancouver
Winnipegsee
Labrador
Giant's Causeway S. 152
Dublin
Winnipeg
Seattle
Neufundland
London
Yellowstone National Park S. 122
Devils Tower S. 43
Superiorsee
Europa
Paris
Michigan-see
Huron-see
Mount Rushmore S. 232
Toronto
Bryce Canyon S. 164
Coyote Buttes S. 172
Arches S. 36
Chicago
El Capitan S. 62
Boston
Moab
Mesa Verde National Park S. 190
San Francisco
New York
Racetrack Playa S. 143
Shiprock S. 188
Washington
Black Mountains S. 180
Bisti Badlands S. 78
Lissabon
Madrid
Los Angeles
Hoover-Damm S. 88
Monument Valley S. 2
Azoren
Grand Canyon S. 100
Levadas S. 66
Madeira
ATLANTISCHER OZEAN
Timanfaya S. 154
Cumbre Vieja S. 184
Golf von Mexiko
Miami
Kanarische Inseln
Hawaii
Mexico City
Große Antillen
Popocatépetl S. 4
Kleine Antillen
Guatemala
Karibisches Meer
Pitons S. 146
Kapverden
Dakar
Managua
Caracas
Panama City
Golf von Panama
Salto Angel S. 96
Monrovia
Quito
Manaus
Chimborazo S. 52, 128
Amazonas
Alpamayo S. 31
PAZIFISCHER OZEAN
Lima
Salineras de Maras S. 231
Machu Picchu S. 134
Vinicunca S. 174
Sinakara S. 12
Chacaltaya S. 140
Yungas-Straße S. 199
Brasília
La Paz S. 18
Potosí S. 204
Atacama S. 176
Rio de Janeiro
Aconcagua S. 262
Santiago de Chile
Buenos Aires
Montevideo
N
Cuevas de Mármol S. 64
Cerro Torre S. 266
Mount Walker S. 8
Fitz Roy S. 42
Falkland Islands
0 2000 km
Ushuaia
Cape Hoorn

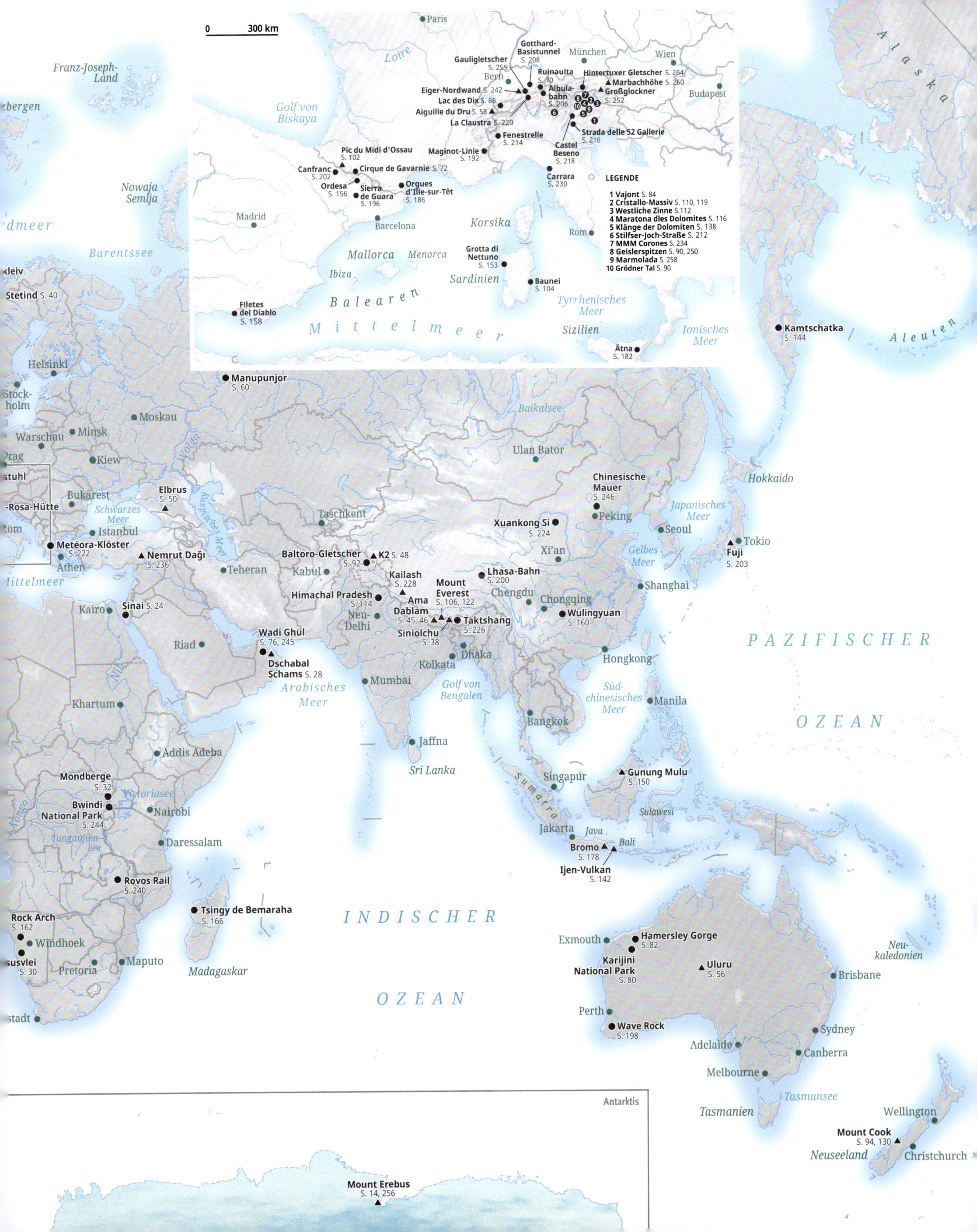

0 300 km
Paris
Loire
Golf von Biskaya
München
Wien
Budapest
Bern
Gauligletscher S. 259
Gotthard-Basistunnel S. 208
Ruinaulta S. 70
Eiger-Nordwand S. 242
Lac des Dix S. 86
Aiguille du Dru S. 58
La Claustra S. 220
Albula-bahn S. 206
Hintertuxer Gletscher S. 264
Marbachhöhe S. 260
Großglockner S. 252
Strada delle 52 Gallerie S. 216
Fenestrelle S. 214
Castel Beseno S. 218
Maginot-Linie S. 192
Pic du Midi d'Ossau S. 102
Canfranc S. 202
Cirque de Gavarnie S. 72
Ordesa S. 156
Sierra de Guara S. 196
Orgues d'Ille-sur-Têt S. 186
Carrara S. 230
LEGENDE
1 Vajont S. 84
2 Cristallo-Massiv S. 110, 119
3 Westliche Zinne S.112
4 Maratona dles Dolomites S. 116
5 Klänge der Dolomiten S. 138
6 Stilfser-Joch-Straße S. 212
7 MMM Corones S. 234
8 Geislerspitzen S. 90, 250
9 Marmolada S. 258
10 Grödner Tal S. 90
Madrid
Barcelona
Korsika
Rom
Mallorca
Menorca
Ibiza
Grotta di Nettuno S. 153
Sardinien
Baunei S. 104
Balearen
Filetes del Diablo S. 158
Tyrrhenisches Meer
Mittelmeer
Sizilien
Ionisches Meer
Ätna S. 182
Franz-Joseph-Land
Nowaja Semlja
Barentssee
Stetind S. 40
Helsinki
Stockholm
Moskau
Minsk
Warschau
Kiew
Wolga
Bukarest
Elbrus S. 50
Schwarzes Meer
Istanbul
Meteóra-Klöster S. 222
Athen
Nemrut Dağı S. 236
Kaspisches Meer
Manupunjor S. 60
Baikalsee
Ulan Bator
Alaska
Kamtschatka S. 144
Aleuten
Hokkaido
Chinesische Mauer S. 246
Peking
Japanische Meer
Seoul
Tokio
Fuji S. 203
Taschkent
Xuankong Si S. 224
Xi'an
Gelbes Meer
Baltoro-Gletscher S. 92
K2 S. 48
Teheran
Kabul
Kailash S. 228
Lhasa-Bahn S. 200
Shanghai
Mount Everest S. 106, 122
Himachal Pradesh S. 114
Ama Dablam S. 45, 46
Neu-Delhi
Chengdu
Chongqing
Wulingyuan S. 160
Taktshang S. 226
Siniolchu S. 38
Kairo
Sinai S. 24
Riad
Wadi Ghul S. 76, 245
Dschabal Schams S. 28
Dhaka
Kolkata
Hongkong
PAZIFISCHER OZEAN
Nil
Khartum
Arabisches Meer
Mumbai
Golf von Bengalen
Süd-chinesisches Meer
Manila
Bangkok
Addis Abeba
Jaffna
Sri Lanka
Sumatra
Singapur
Gunung Mulu S. 150
Mondberge S. 32
Bwindi National Park S. 244
Victoriasee
Nairobi
Kongo
Tanganjikasee
Daressalam
Sulawesi
Jakarta
Java
Bromo S. 178
Bali
Ijen-Vulkan S. 142
Rovos Rail S. 240
Tsingy de Bemaraha S. 166
INDISCHER OZEAN
Rock Arch S. 162
Windhoek
Sossusvlei S. 30
Pretoria
Maputo
Madagaskar
Exmouth
Hamersley Gorge S. 82
Karijini National Park S. 80
Uluru S. 56
Neukaledonien
Brisbane
Perth
Wave Rock S. 198
Sydney
Adelaide
Canberra
Melbourne
Tasmansee
Tasmanien
Wellington
Mount Cook S. 94, 130
Neuseeland
Christchurch
Antarktis
Mount Erebus S. 14, 256

**EIS UND FEUER**
Island ist Feuerland; insgesamt 31 aktive Vulkane zählt man auf der Insel. Ganz im Westen, auf der Landzunge von Snæfellsnes, erhebt sich der Gletschervulkan Snæfellsjökull (1446 m), höchster Punkt des nach ihm benannten Nationalparks.
**HALBINSEL SNÆFELLSNES, ISLAND**

# MONUMENTE

# MONUMENTE

Monument. Ein großes Wort. Und eines, das dich ganz beiläufig verzwergt. Du stehst am Fuß einer Mordswand, vielleicht sogar jener des Eigers, stierst hinauf ins Senkrechte, froh, dass du nicht irgendwo zwischen dem Hinterstoißer-Quergang und der »Spinne« im Seil hängst. Da oben sind nur Fels, Eis und Schatten, zu holen gibt's nichts. Außer Ruhm oder wenigstens Anerkennung. Das ist manchen Ansporn genug, eigentlich Unmögliches zu versuchen. Schließlich ist der ***Homo superior*** ja abgetaucht bis in die tiefsten Tiefen der Meere, er hat den Mond »erobert«, schielt schon nach dem Mars. Noch größer, weiter, schwieriger, monumentaler.

Als Geburtsstunde des modernen Alpinismus gilt der 8. August 1786. Da standen mit Jacques Balmat und Michel-Gabriel Paccard erstmals zwei Menschen auf dem Mont Blanc – Chapeau! Fast ein Jahrhundert später (1865) war Edward Whymper am Matterhorn erfolgreich – Finale des ***Golden Age*** in den Westalpen. Nun ging's hinaus in die weite Welt, mit Seil, Pickel und viel Selbstgewissheit, zu den ganz großen Bergen, den ***monuments***. Und weil die Luft in der Höhe bekanntlich dünner wird, nahm man sie einfach mit, abgefüllt in Flaschen.

**DER BERG MOSES**

Die Besteigung des Berges Sinai (2285 m) ist eine Reise in alttestamentarische Zeiten. Hier, inmitten des Wüstengebirges gleichen Namens, soll Moses – so sagt die Bibel – die Zehn Gebote aus der Hand Gottes erhalten haben. Ein grandioses Naturschauspiel vermittelt der Sonnenaufgang vom Gipfel: zu Fuß 700 Höhenmeter über 4000 Stufen.

**SINAI, ÄGYPTEN**

Die Welt, sie schrumpfte, rückte näher zusammen. Gazetten veröffentlichten Berichte aus fernen Regionen der Erde, und bald kamen mit den Explorern ihre Bilder zurück in die Heimat: Fotos. Die Erfindung des Monsieur Jacques Mandé Daguerre (1839) erlaubte auch dem kleinen Mann einen Blick auf all die Wunder im Orient und Okzident, am Äquator und in der Antarktis. Was Edward Compton in Stunden auf die Leinwand pinselte, schaffte der schwarze Kasten in Sekunden. Man brauchte nicht um die halbe Welt zu reisen, um den K2 im Karakorum zu Gesicht zu bekommen, über die Dimensionen des Grand Canyon zu staunen oder mit einer leichten Gänsehaut vor dem Cerro Torre zu stehen. Die Welt im Bild, Monumente von nur schwer fassbaren Dimensionen in einem Buch, auf hundert Bildern – erst schwarz-weiß, später farbig – präsentiert. Und das neue Medium versprach Unbestechlichkeit, keine subjektiv eingefärbten Schilderungen, sondern ein exaktes Abbild der Realität.

Sie sind uns längst vertraut, jene Monumente aus Felsen und Eis, die auch den mit Superlativen gefütterten Zeitgenossen verblüffen, sprachlos machen. Ihre schiere Größe lässt uns bescheiden werden vor diesen Wundern der Natur, in Jahrmillionen aufgetürmt. Da ist es kein Zufall, dass so manch großem Berg etwas Mystisches anhaftet, dass er als Sitz der Götter gilt, für Sterbliche auf unserer Erde unerreichbar, auch verboten. So wie der Kailash im Himalaja, der griechische Olymp, der Popocatépetl in Mexiko, der Machapuchare in Nepal oder der Uluru (Ayers Rock), den die Aborigines als heiligen Berg verehren.

## Eisgebirge

Hier steigern Fels und Eis sich gegenseitig zum höchsten Ausdrucke. Jeder kennt es als vollkommenste Darstellung des alpinen Willens. Es ist *nicht* nur der Gattung nach das Höchstgebirge, denn alles Größte kommt nur in ihm vor: die breiteste Raumerfüllung, der gewaltigste Berg, der längste Gletscher.

**ALPINES HANDBUCH**

DuÖAV (1931)

**EIN WÜSTENSCHIFF?**

Omans gebirgiger Norden wird gekrönt vom Dschabal Schams, der wie ein steinernes Riff über der Wüstenlandschaft in den Himmel ragt. Mit einer Gipfelhöhe von knapp 3000 Metern (Angaben variieren) gilt er als höchster Berg Omans.

**DSCHABAL AL-ACHDAR, OMAN**

**SAND, SAND, SAND**

Sossusvlei ist Teil des Namib-Sandmeeres, das seit 2013 als UNESCO-Weltnaturerbe gilt. Berühmt sind die orangefarbenen Dünen der Region, die bis zu 380 Meter hoch sein können (»Big Daddy«).

**NAMIB, NAMIBIA**

**ALPAMAYO**

Sie trägt ihren Namen zu Recht, die Weiße Kordillere, ist sie doch die höchste und am stärksten vergletscherte Bergkette der Tropen. Vulkane, jene flachen Kegel, die das klassische Andenbild prägen, sucht man allerdings vergebens. Die Granitzacken könnten auch in den Alpen oder im Himalaja stehen; schönster Gipfel hier ist der Alpamayo (5947 m), wegen seiner markanten Gestalt auch »das Matterhorn der Anden« genannt. **WEISSE KORDILLERE, PERU**

## REGENGARANTEN

Wer an Afrika denkt, landet meist bei den Tropen, den großen Wüsten und den Savannen. Aber hohe Berge, gar Gletscher? Gut, der Kilimandscharo ist als höchster Berg – ein erloschener Vulkan – mit seinen 5895 Metern den allermeisten ein Begriff. Aber das Ruwenzori-Gebirge an der Grenze zwischen der Demokratischen Republik Kongo und Uganda? Hier passen selbst vermeintliche Afrikakenner, und das ist eigentlich schade. Denn der Gebirgsstock bietet auf relativ kleinem Raum – er ist zirka 120 Kilometer lang und 50 Kilometer breit – die unterschiedlichsten Vegetationszonen, vom tropischen Regenwald bis hin zur vergletscherten Zone in den Gipfelregionen. Höchste Erhebung ist mit 5109 Metern der Margherita Peak, auch Mount Stanley genannt. Der britisch-amerikanische Afrikaforscher Henry Morton Stanley (1841–1904) war zeitlebens fasziniert von dem Gebirge, das inzwischen wegen seiner hohen ökologischen Bedeutung zum UNESCO-Weltkulturerbe gehört. Durchschnittlich regnet (oder schneit) es an 300 Tagen im Jahr, die Berge sind deshalb fast immer in Wolken gehüllt. Die Baumgrenze liegt bei etwa 4000 Metern, bis zu dieser Höhe dominieren riesige Lobelien, die man in Europa als Zierpflänzchen kennt und die im Ruwenzori bis zu acht Meter hoch werden. Der Name leitet sich von dem indigenen Begriff Rwenjura ab, das so viel wie Regenmacher oder Wolkenkönig bedeutet.

Wegen seiner Fremdartigkeit inmitten des Tropengürtels wird das Gebirge auch Mondberge genannt – die Bezeichnung geht auf den griechischen Mathematiker und Geografen Claudius Ptolemäus zurück, der im zweiten Jahrhundert nach Christus von den »Lunae Montes« sprach, in denen er die Quelle des Nils vermutete. In der Ruwenzori-Gebirgskette leben Berggorillas, dank eines Schutzprojektes steigt ihre Zahl seit Jahren wieder.

**ES GRÜNT SO GRÜN**

In den Mondbergen der Demokratischen Republik Kongo gedeihen Lobelien zu stattlichen Bäumen. Das Ruwenzori-Gebirge weist extrem hohe Niederschläge auf.

**RUWENZORI-GEBIRGE, DEMOKRATISCHE REPUBLIK KONGO**

**VULKANSCHLOTE ÜBERM WÜSTENSAND**

Der Ahaggar (früher auch: Hoggar) ist ein riesiges Gebirge im Süden Algeriens mit den höchsten Gipfeln des Landes (Tahat, 2908 m). Bei den bizarren Felstürmen handelt es sich durchwegs um erloschene Vulkanschlote. Am Gipfel des Assekrem (2780 m) erinnert eine Panoramatafel daran, dass Frankreich hier einst als Kolonialmacht regierte, bis 1962. **SAHARA, ALGERIEN**

**ARCHES NATIONAL PARK**

Der rund 300 Quadratkilometer große Park im Osten von Utah ist berühmt für seine Naturbögen. Insgesamt zählt man an die 2000 dieser kleinen und großen Naturwunder (Arches), die Wind und Wetter aus dem rötlichen Sandstein skulptiert haben. Der Landscape Arch als größter hat eine Spannweite von 85 Metern, der Turret Arch wird von einem mächtigen Felsturm flankiert. **UTAH, USA**

# DIE BERGE DER WELT

Es muss eine spannende Zeit gewesen sein, heute kaum mehr vorstellbar, wo die Welt doch bis in den hintersten Winkel vermessen, ausgeleuchtet ist. Damals: überall weiße Flecken, vor allem in den großen Gebirgen. Jede Reise eine Expedition, eine Reise ins (noch) Unbekannte. Da war Vittorio Sella, geboren 1859 in Biella am Südfuß des Monte Rosa, genau der Richtige zur rechten Zeit: Alpinist und Fotograf. Sein Ziel war es, die Berge der Welt zu dokumentieren. Als einer der Ersten erkannte er die immensen Möglichkeiten, die in der ganz neuen Technik steckten. Und so reiste er los, mit großem Gepäck. Allein die Kamera wog rund zwanzig Kilogramm, die Bromgelatineplatten im Format 30 x 40 Zentimeter waren auch recht sperrig. Mit dieser Ausrüstung erzielte er fantastische Ergebnisse, wie sein Bild vom Siniolchu (6888 m) beweist. Es entstand 1899 anlässlich einer Umrundung des Kangchenjunga Himal. Douglas Freshfield, der die Expedition leitete, bezeichnete den Gipfel übrigens als »großartigsten Triumph der Bergarchitektur und den schönsten Schneeberg der Welt«. Vittorio Sella dürfte ihm da nicht widersprochen haben. Er nahm an zahlreichen Expeditionen teil, war unter anderem dreimal im Kaukasus. Auf Einladung des Herzogs Luigi Amedo di Savoia bereiste er Alaska, fotografierte dabei die Erstbesteigung des Mount Saint Elias (5489 m), später dann das bis dato fast unbekannte Massiv des Ruwenzori in Ostafrika. Der Savoyer organisierte 1909 auch eine Expedition in den Karakorum. Ein Versuch, die 7668 Meter hohe Chogolisa zu besteigen, scheiterte dabei knapp unter dem Gipfel.

Mehr Glück hatte Sella am Matterhorn. Da gelang ihm 1882 die erste Winterbesteigung über den italienischen Lionsgrat. Die Fondazione Sella in Biella bewahrt das Erbe des Weitgereisten: 10 000 Negative und mehr als 12 000 Papierbilder. Was für ein Fundus!

**WAS FÜR EIN BERG**

Der Fast-Siebentausender Siniolchu, fotografiert 1899 von Vittorio Sella **SIKKIM, INDIEN**

## Polarlicht

Das Polarlicht (wissenschaftlich *Aurora borealis* als Nordlicht auf der Nordhalbkugel und *Aurora australis* als Südlicht auf der Südhalbkugel) ist eine Leuchterscheinung durch angeregte Stickstoff- und Sauerstoffatome der Hochatmosphäre, also ein Elektrometeor. Polarlichter sind meistens in etwa 3 bis 6 Breitengrade umfassenden Bändern in der Nähe der Magnetpole zu sehen. Hervorgerufen werden sie durch energiereiche geladene Teilchen, die mit dem Erdmagnetfeld wechselwirken.

**STETIND**

Ein Berg aus einem Guss: der Granit-Monolith Stetind (1392 m) in Nord-Norwegen, am Tysfjord. Bei den Samen, die hier siedeln, heißt er Státtájåhkkå, was so viel bedeutet wie Amboss. Tatsächlich könnte man meinen, dem Gipfel wäre die Spitze abgeschlagen worden. Der Stetind gilt als Nationalberg des Landes – das »Matterhorn« Norwegens. **NORDLAND, NORWEGEN**

**WOLKENTANZ**

Patagonien ist berüchtigt für sein sehr wechselhaftes Klima mit stürmischen Winden in den Hochlagen. Wolkentanz über dem Fitz Roy (3406 m). Benannt wurde der Granitgipfel nach Robert FitzRoy, dem Kapitän des Forschungsschiffs HMS Beagle. Mit an Bord war der junge Charles Darwin.

**PATAGONIEN, ARGENTINIEN**

**DES TEUFELS TURM**
Wie ein absoluter Fremdkörper ragt die von der Natur geschaffene Skulptur des Devils Tower aus dem bewaldeten Umland, 265 Meter hoch und rundum fast senkrecht. Auffallend die säulenartige Struktur des Turms, der zur Gänze aus Vulkangestein besteht.
**WYOMING, USA**

## Himalaja

Hier oben fühle ich mich frei, ich kann alle Verpflichtungen hinter mir lassen. Am Berg habe ich ein anderes Lebensgefühl als im Tal. Das Bergsteigen ist einfach mein Leben.

**GERLINDE KALTENBRUNNER**

Österreichische Alpinistin, bestieg alle 8000er. 1997 auch die Ama Dablam (6814 m)

**AN DER AMA DABLAM**

Eine Bergsteigergruppe im Aufstieg zur Ama Dablam (6814 m). Der oft als »Matterhorn Nepals« apostrophierte Gipfel gilt als technisch anspruchsvoll. Erstmals bestiegen wurde er im März 1961. Blick ins Khumbu, rechts der Cho Oyu (8188 m).

**KHUMBU, NEPAL**

**ÜBER DEN WOLKEN**
Hochlager am Aufstieg zum Gipfel der Ama Dablam
**KHUMBU, NEPAL**

**K2: DER GIGANT DES KARAKORUMS**

Der zweithöchste Gipfel der Welt gilt als schwierigster und auch gefährlichster Achttausender. Bereits bei den gescheiterten Besteigungsversuchen in den 1930er- und 1950er-Jahren kam es zu Todesfällen. Insgesamt starben bisher über 80 Menschen an dem 8611 Meter hohen Berg, bei der Tragödie im Sommer 2008 fanden elf Bergsteiger den Tod. **KARAKORUM, PAKISTAN**

## Peter Knubel – ein Schweizer im Kaukasus

Peter Knubel gehörte im späten 19. Jahrhundert zu den bekanntesten Walliser Bergführern, bei den Engländern war er *Mr. Matterhorn.* Noch als Achtzigjähriger stieg er auf »seinen« Berg. 1874 leitete Knubel eine Kaukasus-Expedition, am 26. Juli des Jahres stand er mit seinen drei Begleitern als Erster auf dem Gipfel des Elbrus.

**EINER DER SIEBEN**

Zwischen dem Schwarzen und dem Kaspischen Meer erheben sich die Gebirgsketten des Großen Kaukasus. Kulminationspunkt ist der Elbrus (5642 m), Russlands höchster Berg, ein inaktiver, stark vergletscherter Vulkan. In Bergsteigerkreisen wird er überwiegend den Seven Summits zugezählt, gilt somit als höchster Gipfel Europas (nicht der Mont Blanc). **KAUKASUS, RUSSLAND**

**CHIMBORAZO**

Der 6267 Meter hohe erloschene Vulkan galt lange Zeit als höchster Berg der Welt. Das dürfte den deutschen Forschungsreisenden Alexander von Humboldt dazu bewogen haben, im Sommer 1823 einen Besteigungsversuch zu unternehmen. Er scheiterte ein paar hundert Meter unter dem Gipfel an einer tiefen Gletscherspalte, brachte aber neben dem berühmten Profil der Vegetationszonen in den Anden auch die erste detaillierte Beschreibung der Höhenkrankheit zurück nach Europa. Mehr Erfolg hatte Edward Whymper bei seiner Expedition. Mit den Brüdern Jean-Antoine und Louis Carrel, beides versierte Bergführer aus dem Aostatal, erreichte er am 4. Januar 1880 den Gipfel. Übrigens: Der Chimborazo ist doch der höchste Gipfel der Welt – wenn man seine Entfernung vom Erdmittelpunkt aus misst. **WESTKORDILLERE, ECUADOR**

**DIE FELSENSCHLÖSSER**
Die Castle Mountains sind Teil der Mojave-Wüste im Südosten Kaliforniens. Sie wurden 2016 von Präsident Obama zum Nationalmonument erklärt und gelten als botanischer Hotspot. Typisch für den Landstrich sind neben bizarren Felsformationen die prächtigen Josua-Palmlilien. Sie wachsen solitär und können bis zu zwölf Meter hoch werden. **KALIFORNIEN, USA**

**DER HEILIGE BERG DER ABORIGINES**

Er ist ein Unikum, der Uluru, von den Briten nach einem Politiker (!) auf den Namen Ayers Rock getauft. Für die Aborigines ist er heilig, für Touristen aus aller Welt eine Reise wert. Die führt sie ins Ödland Zentralaustraliens, wo der aus grobkörnigem Sandstein bestehende Uluru mitten im Flachen hockt, das Umland lediglich um 350 Meter überragend, mit neun Kilometern Umfang aber trotzdem ein Koloss. Je nach Wetter und Tageszeit changiert seine Farbe zwischen blassem Grau und Ocker. Ein besonders intensives Spektakel vermitteln die Dämmerstunden, wenn die Sonne den Fels rot aufleuchten lässt. Seit 2019 ist eine Besteigung des Berges verboten, aus Respekt gegenüber den Ureinwohnern des Landes. Wer den Uluru nachts betrachtet, vielleicht unter dem weiten Bogen der Milchstraße, kann gut verstehen, weshalb er für die Ureinwohner Australiens ein Mysterium ist.

**NORTHERN TERRITORY, AUSTRALIEN**

**WALTER BONATTIS PFEILER**
Zu den schönsten Berggestalten des Mont-Blanc-Massivs gehören die Drus, schlanke Zwillingstürme (3754 m) an der Westflanke der Aiguille Verte. Im August 1955 durchstieg Walter Bonatti den Südwestpfeiler des Petit Dru in sechs Tagen im Alleingang – eine bahnbrechende Leistung, die neue Maßstäbe im Alpinklettern setzte. **HAUTE-SAVOIE, FRANKREICH**

**EINE LAUNE DER NATUR**

Sie stehen auf einem flachen Bergrücken im nördlichen Ural, die sieben sagenumwobenen Felsen von Manpupunjor, wirken dabei reichlich deplatziert, fast so, als hätte sie jemand mutwillig ins Gelände gestellt. Tatsächlich handelt es sich bei den 30 bis 40 Meter hohen Türmen um den bizarren Überrest einer von der Erosion abgetragenen geologischen Formation aus Glimmerschiefer. Alter: rund 200 Millionen Jahre. **URAL, RUSSLAND**

**KLETTERTRÄUME**
Aufziehende Nebel verwandeln das Yosemite Valley in eine mystische Landschaft. Unverkennbar die markante Stirn des Capitan (2307 m). Erstmals frei durchstiegen wurde die Westwand 1979 von dem US-amerikanischen Kletterer Ray Jardine. **YOSEMITE NATIONAL PARK, USA**

**DIE CUEVAS DE MÁRMOL**
Ein Naturwunder im Süden Chiles: die Marmorhöhlen am Lago General Carrera (217 m). Nach dem Rückzug der eiszeitlichen Gletscher arbeitete das Wasser in Jahrtausenden aus der Marmorader am See ein verzweigtes Höhlensystem, das in allen Blautönen schimmert. Die Natur als Künstlerin. **AYSÉN, CHILE**

# WASSERKRAFT

# WASSERKRAFT

Vielleicht gibt es kein besseres und zugleich schöneres Sinnbild für die Kraft des Wassers als einen Gletschertopf. Abfließendes Schmelzwasser bildet mancherorts Wirbel, die sich dank der mitgeführten Sand- und Kiespartikel über die Zeit regelrecht in das Gestein fräsen. Dass die Zeit ein entscheidendes Kriterium bei der »Arbeit« des Wassers ist, weiß auch der Volksmund. »Steter Tropfen höhlt den Stein«, steht für Beharrlichkeit, die schlussendlich Erfolg zeitigt. Viele der teils bizarren, teils anmutigen Formen, die wir in den Bergen der Welt sehen, sind ein Ergebnis der Arbeit des Wassers. Die mannigfaltigen Eigenschaften der Leben spendenden Flüssigkeit haben die Menschheit und allen voran ihre großen Denker und Dichter seit jeher fasziniert. »Auf der ganzen Welt gibt es nichts Weicheres und Schwächeres als das **Wasser.** Und doch in der Art, wie es dem Harten zusetzt, kommt nichts ihm gleich.« Der Ausspruch wird dem chinesischen Philosophen Laotse (6. Jh. v. Chr.) zugerechnet und besticht immer noch. Man möchte dem noch hinzufügen, dass Wasser gerade in seinem harten, gefrorenen Zustand regelrecht Berge versetzen kann. Gletscher haben in den großen Gebirgen der Welt über die

**LEVADAS – FAST WIE IM WALLIS**

Waale heißen sie in Südtirol, Suonen oder Bisses im Wallis und Levadas auf Madeira. Hier wie dort wird Wasser umgeleitet, auf der Atlantikinsel von der niederschlagsreichen Nord- auf die sonnig-trockene Südseite, oft über viele Kilometer lange Kanäle. Heute werden sie auch touristisch genutzt, als Wanderwege mit wenig Steigung bzw. Gefälle. **MADEIRA, PORTUGAL**

Jahrtausende Formen geschaffen, die uns Menschen besonders an den Rändern ein (Alm-)Wirtschaften leichter gemacht haben. Ihre Hinterlassenschaften beim Rückzug der letzten Eiszeit wie die großen Zungenbeckenseen der Alpen dienen heute Millionen von Menschen als Erholungsraum.

Letztlich ist es vor allem die Kraft des Wassers in allen Aggregatzuständen – ob gefroren, flüssig oder als Wasserdampf in den Wolken –, die die Berge der Welt weiterhin formen wird. Gerade durch die höheren Temperaturen werden sich diese Prozesse verstärken. Das Wasser schmelzender Gletscher transportiert Unmengen von Gesteinsmaterial in die Täler und Ebenen. Starkregen und tauender Permafrost führen zu noch mehr Abtrag, ob über Hochwasser, Murgänge oder den sprichwörtlichen steten Tropfen. Berge sind trotz ihrer monumentalen Gestalt über geologisch lange Zeiträume einem stetigen Schrumpfungsprozess ausgesetzt – gerade durch die Kraft des Wassers. Es braucht andere große Kräfte wie den Vulkanismus oder aneinanderstoßende Kontinentalplatten, um wieder neue Berge zu schaffen.

Oft kaum beachtet: Berge und Wasser bilden eine Art Symbiose, zumindest aus menschlicher Sicht. So versorgen zum Beispiel die Alpen mehr als 170 Millionen Menschen mit Wasser, der Himalaya noch deutlich mehr. Ihre Flanken lassen Wolken aufstauen und abregnen, ihre Gletscher binden Unmengen an Wasser, Bergwälder dienen als Speicher und Puffer gleichermaßen. Die Kraft des Wassers – sie gibt und sie nimmt.

## Wasser

Alles ist aus dem Wasser entsprungen!
Alles wird durch Wasser erhalten!
Ozean, gönn uns dein ewiges Walten.
Wenn du nicht in Wolken sendetest,
Nicht reiche Bäche spendetest,
Hin und wieder Flüsse wendetest,
Die Ströme nicht vollendetest,
Was wären Gebirge, was Ebenen und Welt?
Du bist's, der das frischeste Leben erhält.

**JOHANN WOLFGANG VON GOETHE**

(1749–1832)

## DIE SCHLUCHT DES VORDERRHEINS

Mit Vergleichen sollte man bekanntlich vorsichtig umgehen, das nächste Fettnäpfchen ist nicht weit. Das Oberammergauer »Matterhorn«, der Kofel, ähnelt dem Schweizer Original zwar ein wenig, doch das lässt sich von dem pyramidenförmigen Steinbrocken auf meinem Schreibtisch ebenfalls sagen. Ähnlich verhält es sich mit dem Grand Canyon, der weltweit viele Ableger hat, auch in den Alpen. Doch selbst die großen Schluchten unseres Gebirges können da nicht mithalten. Die Schlucht des Vorderrheins ist »nur« 15 Kilometer lang und maximal 400 Meter tief. Wer aber vom Aussichtspunkt Il Spir (mit Plattform nach US-Vorbild) hinabguckt auf den mäandernden Fluss, wird den Vergleich gar nicht so abwegig finden.

Bei den Rätoromanen heißt der Graben Ruinaulta, was etwa so viel bedeutet wie »hohe Trümmer«. Und Trümmer waren es, die nach Ende der Eiszeit am Flimserstein abbrachen: rund 12 Milliarden Kubikmeter Gestein! Sie riegelten das Vorderrheintal bei Ilanz ab und stauten den Fluss zu einem 25 Kilometer langen See auf. Der ist zwar schon lange wieder verschwunden, entstanden ist dafür eine fantastische Trümmerschlucht. Erstaunlich ist die Vielfalt unterschiedlicher Naturräume auf engem Raum. Wo die Kalke aufgeschlossen sind, bilden sie weiße und hellgraue Wände, da und dort mit fotogenen Felszacken und Erdpyramiden. An den südexponierten Steilhängen herrscht der Erika-Föhrenwald vor, eine in der Schweiz sehr seltene, anspruchslose Pflanzengesellschaft. Hier blühen im Mai/Juni verschiedene Orchideen wie der Frauenschuh *(Cypripedium calceolus)*.

**DIE RUINAULTA, DER BÜNDNER GRAND CANYON**
Ein gewaltiger nacheiszeitlicher Bergsturz am Flimserstein – zwölf Milliarden Kubikmeter Gestein! – hat die Tallandschaft zwischen Ilanz und dem Zusammenfluss von Vorder- und Hinterrhein nachhaltig verändert. Entstanden ist mit der Ruinaulta eine der spektakulärsten Schluchten der Schweiz, 15 Kilometer lang und bis zu 400 Meter tief. **GRAUBÜNDEN, SCHWEIZ**

**CIRQUE DE GAVARNIE**
Der größte Wasserfall im Talschluss von Gavarnie heißt zu Recht Grande Cascade. Das Wasser stürzt über 422 Meter in die Tiefe – Rekord in Frankreich. Gespeist wird der Fall von einem Karstsee auf der spanischen Seite des Pyrenäen-Hauptkamms. **PYRENÄEN, FRANKREICH**

**DIE LOFOTEN – INSELN IM NORDMEER**
Klettern in bestem Granit bei fast tropischen Hochsommertemperaturen. Der Golfstrom macht es möglich, und im Juli und August gibt's nördlich des Polarkreises dazu sogar 24 Stunden Sonnenlicht. Allerdings nur, wenn's nicht regnet. Bei gutem Wetter lohnt sich die beliebte kleine Gipfeltour auf den Reinebringen (442 m) mit fantastischem Tiefblick und freier Sicht über den Reinefjord zur Insel Moskenesøy. Noch ein Highlight im hohen Norden: Polarlichter. **LOFOTEN, NORWEGEN**

**UTAKLEIV – DER SCHÖNSTE STRAND NORWEGENS?**
Der Strand auf der Atlantikseite der Lofoten-Insel Vestfågøya überrascht mit seinem weißen Sand, dem türkisfarbenen Wasser und markanten Kulissenbergen. Baden ist hier allerdings eher etwas für Hartgesottene; mehr als 15 Grad darf man in dem (buchstäblich) kühlen Nass nicht erwarten.
**LOFOTEN, NORWEGEN**

**WAS FÜR EIN GRABEN**

Die eigentliche Sensation des Hadschar-Gebirges ist nicht sein höchster Gipfel, der Dschabal Schams, sondern die gewaltige Schlucht an seiner Südseite, das Wadi Ghul mit seinen bis zu tausend Meter hohen Felswänden. Der anfahrbare Viewpoint vermittelt einen packenden Blick in den Canyon. Hier kann man sogar wandern, auf markierten Wegen, etwa auf dem Balcony Walk. **WESTLICHES HADSCHAR-GEBIRGE, OMAN**

**BISTI BADLANDS**
Aufgesprungene Rieseneier oder eine Science-Fiction-Kulisse? Fantasien Salvatore Dalis? Nein, es handelt sich bei den Bisti Badlands, wie sie uns heute begegnen und staunen lassen, um das Ergebnis komplizierter geologischer Abläufe, die vor rund 75 Millionen Jahren einsetzten, als die Erde noch von Sauriern bevölkert war. **SAN JUAN COUNTY, USA**

**GRÜNES LAND – ROTE FELSEN**

Die Hamersley Range ist kein Vorzeigegebirge, sondern eine savannenähnliche Hügellandschaft, die im Mount Meharry (1245 m) kulminiert. Ihre Sensationen verstecken sich weit unten, in den engen, bis zu hundert Meter tiefen Schluchten. Im Schatten senkrechter Felswände entfaltet die Vegetation nach den seltenen Regenfällen eine überwältigende Fülle. Buntes Leben, Wasserfälle, kleine Tümpel, viel Grün in fantastischem Kontrast zu den blutroten Felsen.

**KARIJINI NATIONAL PARK, AUSTRALIEN**

Und es gehen die Menschen hin
zu bestaunen die Höhen der Berge,
die ungeheuren Fluten des Meeres,
die breit dahinfließenden Ströme,
die Weite des Ozeans
und die Bahnen der Gestirne
und vergessen darüber sich selbst.

**AUGUSTINUS VON HIPPO**

Römischer Kirchenlehrer und Philosoph (354–430)

**HAMERSLEY GORGE**

Ein faszinierendes Formen- und Farbenspiel bietet das Felsen-Naturbad in der Hamersley-Schlucht. Sie ist ein absolutes Highlight des Karijini-Nationalparks, eine Einladung zum erfrischenden Bad, die man nicht ablehnen kann. Die teilweise extrem verfalteten Wände der Schlucht vermitteln einen Eindruck von den immensen Kräften, die einst bei der Gebirgsbildung auf die Sedimente einwirkten. **PILBARA, AUSTRALIEN**

## DIE KATASTROPHE VON VAJONT

Exakt um 22.39 Uhr ging die Welt unter. In Longarone. 270 Millionen Kubikmeter Fels lösten sich an der steilen Flanke des Monte Toc und stürzten in den Vajont-Stausee. Das Wasser schwappte über die Staumauer, eine 150 Meter hohe Flutwelle schoss durch die Vajont-Schlucht hinab ins Piavetal. 2000 Menschen fanden den Tod, Longarone und fünf kleinere Nachbardörfer wurden weitgehend zerstört, durch die enorme Druckwelle buchstäblich weggefegt.

Es war eine Katastrophe mit Ansage. Korruption und Misswirtschaft begleiteten Planung und Bau, geologische Gutachten wurden dabei gefälscht oder vom Bauunternehmen SADE (Società Adriatica di Elettricità) einfach unter Verschluss gehalten, Warnungen ignoriert. 1956 begannen die Bauarbeiten an der 261 Meter hohen Sperrmauer, vier Jahre später wurde der See versuchsweise aufgestaut. Das führte zu Rutschungen und kleineren Erdbeben; neue Untersuchungen bestätigten die Gefahr eines Bergsturzes. Die Manager der SADE ließen sich davon nicht beeindrucken, auch nicht von wütenden Protesten der Talbewohner. Am 9. Oktober 1963, im Dunkel der Nacht, brach der Berg ab.

Die Aufarbeitung der Katastrophe, die erst 1997 (!) strafrechtlich abgeschlossen wurde, war dann für viele Überlebende das zweite menschengemachte Unglück. Das Gericht wies ihnen die lächerliche Summe von zwei Millionen Euro (damals 80 Milliarden Lire) als Entschädigung zu. Im Sommer 2019 sind am Infocenter unweit der Betonmauer über 400 kleine Fähnchen aufgehängt, eines für jedes der beim ***Disastro del Vajont*** umgekommenen Kinder …

**LONGARONE 1963**

Die (weitgehend unversehrte) Bogenstaumauer des Vajont-Stausees heute – ganz ohne See.

**KARNISCHE ALPEN, ITALIEN**

**DIE GRANDE DIXENCE**
Das leistungsstärkste Wasserkraftwerk der Schweiz befindet sich im Unterwallis: la Grande Dixence. Es verwandelt das übers Jahr im Lac des Dix gesammelte Wasser zahlreicher Gletscherbäche in elektrische Energie: mehr als 2000 GWh. Die 285 Meter hohe Barrage des Dix (Stauziel 2362 m) gilt als höchste Gewichtsstaumauer der Welt, an ihr wurden fast sechs Millionen Kubikmeter Beton verbaut.
**WALLIS, SCHWEIZ**

## Hoover Dam

I forget myself sometimes
But I'll never forget you
If I can't win you in rhyme I'll be happy trying to
And the girl I love is doing all she can
One day she'll be looking for a man
But I think of her and can't help making plans
At the Hoover Dam

**SINGLE VON ERIC HARRISON (2022)**

**EIN STAUDAMM OHNE SEE?**
Ausgelegt ist der 1935 in Betrieb genommene Hoover-Damm des Lake Mead für ein Stauziel von 372 Metern über dem Meeresspiegel. Aktuell liegt der Wasserstand bei 317 Metern (Juli 2022), was einer Speichermenge von gerade noch 27 Prozent entspricht. Die Ursachen: zunehmende Trockenheit, die schwindenden Gletscher der Rocky Mountains. Eine absehbare Katastrophe für den Südwesten der USA. **NEVADA/ARIZONA, USA**

**BERGE DES LICHTS**
Der Regenbogen über den Geislerspitzen verzaubert die grauen Felsen, malt ein magisches Bild zwischen Himmel und Erde. **GRÖDNERTAL, ITALIEN**

**EINE EISIGE WELT, FELSUMSTANDEN**
Der Weg zum Concordiaplatz sei weiter als jener zum Mond, hat mal jemand gesagt. Das mag etwas übertrieben sein, ein »End der Welt« ist das innerste Baltoro-Tal allemal. Und ein unübertroffen grandioses dazu. Gespeist wird der rund 60 Kilometer lange Eisstrom des Baltoro-Gletschers von drei Quellgletschern, die am Concordiaplatz zusammenlaufen.
**KARAKORUM, PAKISTAN**

## Neu-Seeland

Östlich von der Van Diemensinsel,
durch Cookstrasse in zwey Theile getrennt.
Grösse: 4291 QM. Boden: ein ansehnliches
Hochgebirge zieht von der Südspitze hinauf
zum nördlichen Eiland, und nimmt daselbst
eine nordöstliche und nordwestliche Richtung
durch abgesonderte Zweige; es trägt
vulkanische Producte und ist mit Schnee bedeckt.
Die Gebirge sind meistens gut bewaldet,
und das Land ist wohl bewässert.

**PROF. GALLETTI'S ALLGEMEINE WELTKUNDE**

Verlegt von C. A. Hartleben (1822)

**DER GIPFEL DES WELTUMSEGLERS**

Die Südinsel Neuseelands ist ausgesprochen gebirgig. Sie wird in ihrer ganzen Länge von den Südalpen durchzogen. Höchster Gipfel ist der Aoraki/Mount Cook, vier größere Gebiete sind als Nationalparks ausgewiesen (insgesamt fast 7000 km²).

**NEUSEELÄNDISCHE ALPEN, NEUSEELAND**

## FALL AUS DER FRÜHZEIT

Es gibt spektakuläre Wasserfälle wie die Niagara Falls an der Grenze des US-Bundesstaates New York und der kanadischen Provinz Ontario oder die Iguazú-Wasserfälle zwischen Brasilien und Argentinien, vor allem wegen der großen Wassermassen. Doch keines dieser Naturspektakel kommt auch nur annähernd an den Salto Ángel im venezolanischen Nationalpark Canaima heran, was die Höhe betrifft. 979 Meter freier Fall – das hat dem Kerepakupai Vena, wie der Wasserfall in der Sprache der indigenen Pemón heißt, den Eintrag als höchster freifallender Wasserfall der Erde gebracht. Er stürzt vom Plateau des 2450 Meter hohen Auyan-Tepui in die Tiefe, eines Tafelbergs, der eine Gipfelfläche von mehr als 650 Quadratkilometern aufweist.

Dabei gebührt dem US-Amerikaner Jimmie Angel eigentlich gar nicht die Ehre, Namensgeber zu sein. Denn die indigenen Völker im venezolanischen Regenwald verehren den »Ort des tiefsten Sprungs«, wie Kerepakupai Vena übersetzt heißt, schon seit Jahrtausenden. Die Geschichte des Piloten Jimmie Angel ist dennoch erzählenswert. Die Suche nach Gold führte ihn am 16. November 1933 in den Canyon des Rio Churun, der vom Kerepakupai Vena gespeist wird. Angel galt damit als Wiederentdecker des Wasserfalls, den 23 Jahre zuvor bereits der Venezolaner Ernesto Sánchez la Cruz gesichtet hatte. 1937 versuchte Jimmie eine Landung auf dem Gipfelplateau, mit an Bord seine Frau und zwei weitere Personen. Die Maschine ging zu Bruch, es dauerte fast zwei Wochen, bis der Gruppe der Abstieg zur Urwaldsiedlung Kamarata gelang.

Auch heute noch ist der Weg zum Wasserfall ein kleines Abenteuer. Er ist nur per Einbaum durch den Dschungel erreichbar. Oft verhüllen Wolken den Tafelberg und seinen Wasserfall. Wer ihn in der Trockenzeit aufsucht, wird bemerken, dass das Wasser aus mehreren Felslöchern zirka 50 Meter unterhalb des Plateaus in die Tiefe stürzt.

**FREIER FALL**

979 Meter tief stürzt das Wasser des Kerepakupai Vena, wie der Salto Ángel in der Sprache der indigenen Pemón heißt, vom Plateau des 2450 Meter hohen Auyan-Tepui in die Tiefe. Das ist Weltrekord. **SALTO ANGEL, VENEZUELA**

## Von der Rax in die weite Welt

Geboren wurde Konrad Kain am Fuß der Rax, in Naßwald, wo die Welt klein und der Horizont ganz eng ist. Bald zog es ihn hinaus, als Bergführer war er in Neuseeland, auf Hawaii und im Altai unterwegs. Und vor allem in Kanada, wo er viele Jahre als Farmer und Pelzhändler lebte. In den Bugaboos erinnert die Conrad-Cain-Hütte an den Österreicher. 1913 glückte Kain die Erstbesteigung des Mount Robson (3954 m).

**DIE BUGABOOS**
Ein abschreckender Name, den Goldsucher der Bergregion in den Columbia Mountains verpassten, wohl aus Frust darüber, dass sie hier kaum fündig wurden: Monster (Bugaboo). Der Goldrausch von 1895 ebbte denn auch bald ab, heute besuchen vor allem Naturfreunde und Kletterer den Bugaboo Provincial Park mit seinem Granitzacken. **COLUMBIA MOUNTAINS, KANADA**

**DIE RIESENSCHLUCHT**
Seine Dimensionen sind schlicht überwältigend: 450 Kilometer lang ist der Grand Canyon und bis zu 1800 Meter tief. Wer vom Rand der Schlucht zu ihrem Grund absteigt, wandert durch anderthalb Milliarden Jahre Erdgeschichte und mehrere Klimazonen. Geschaffen hat das Naturwunder der Colorado River in gerade mal fünf Millionen Jahren. Noch ein Wunder! **COLORADO, USA**

**DAS »MATTERHORN« DER WESTPYRENÄEN** Er ist ein Blickfang und sogar von Pau aus nicht zu übersehen: der Pic du Midi d'Ossau (2884 m), höchster Gipfel der westlichen Pyrenäen. Die felsige Pyramide ist vulkanischen Ursprungs und ein beliebtes Tourenziel (II+). Im Vordergrund der Lac du Montagnon d'Iseye. **PYRÉNÉES-ATLANTIQUES, FRANKREICH**

**KLETTERN IST FREIHEIT**
Sardinien ist ein Hotspot für Kletterer: Alexander Huber gelingt 2022 ein Coup. Er klettert einen der weltweit höchsten Überhänge an einer freien Wand im freien Stil. **SARDINIEN, ITALIEN**

# BERGLEBEN

# BERGLEBEN

Berg und Mensch – ein durchaus ambivalentes Verhältnis. Während sich Bauern seit Jahrtausenden abmühen, ihr Auskommen unter schwierigen topografischen Verhältnissen und extremen Wetterbedingungen zu finden, suchen in der Neuzeit viele in den Bergen ihr persönliches Abenteuer und ihren Ausgleich zum technisierten und strukturierten Alltag im Flachland. Alpinisten landen dann auch mal in der (Warte-)Schlange, Rennradler quälen sich im Pulk Pässe hoch, Schaulustige und Kulturbeflissene schwören auf Events wie Älperfeste und Konzerte unter freiem Berghimmel.

Doch wer sich mit dem Leben an und auf den Bergen beschäftigt, tut gut daran, in entlegene Regionen zu schauen. In Gebiete, in denen der Mensch seine Finger respektive Füße (bislang) kaum im Spiel hatte. Denn dort finden sich Zeugnisse aus der Vergangenheit, die uns zum Staunen bringen. Das gilt ganz besonders für die Tafelberge im Grenzgebiet zwischen Venezuela, Guyana und Brasilien. Die geologische Formation dieser Savannenlandschaft stammt aus der Erdfrühzeit, entstand vor ca. zwei Milliarden Jahren. Hier ragen Tafelberge mit

**RUN AUF DEN HÖCHSTEN**

Im Mai 1953 standen erstmals Menschen auf dem Gipfel des Mount Everest (Sherpa Tenzing Norgay, Edmund Hillary), mittlerweile wurden 7642 erfolgreiche Besteigungen registriert. Den Rekord hält dabei der 23. Mai 2019, an dem 354 Bergsteiger den Gipfel erreichten. 310 Menschen starben beim Versuch, den höchsten Berg der Welt zu bezwingen; mehr als die Hälfte der Leichen konnte nicht geborgen werden. Ein Besteigungsversuch all inclusive kostet aktuell zwischen 20 000 und 100 000 Euro, je nach Anbieter … **EVEREST, NEPAL**

teils riesigen Gipfelplateaus bis zu 2000 Meter aus der Savanne empor. Auf ihren »Tischplatten« und an ihren meist steilen Felsabbrüchen gedeihen Pflanzen und Tiere, die nur hier zu finden sind. Wissenschaftler entdecken immer noch neue unbekannte Arten. Der endemische Anteil auf den Tafelbergen wird auf bis zu 50 Prozent geschätzt.

8500 Kilometer Luftlinie entfernt sind Forscher im Nationalpark Berchtesgaden seit 2020 dabei, eine Art Vollinventur zu machen. Einer Bergnatur, die seit Langem unter dem Einfluss des Menschen und unter besonderem Druck steht. Denn hier, am südöstlichsten Zipfel Deutschlands ist der Temperaturanstieg doppelt so hoch wie im globalen Mittel: zwei Grad Celsius in den vergangenen hundert Jahren. Die Wissenschaftler vermessen das Bergleben an 200 Stationen, angefangen vom Fuß der Berchtesgadener Alpen bis hinauf in die felsigen Gipfelregionen. Mit Kameras, Insektenfallen, Pflanzensammlungen und Bodenproben. Was sie jetzt schon wissen: Die Alpen, die nicht einmal drei Prozent der Landesfläche Deutschlands ausmachen, beherbergen gut 50 Prozent der gesamten Arten des Landes. Und derzeit werden es sogar noch mehr, denn manche Pflanzen und Tiere aus dem Flachland finden im Temperaturstress ein Refugium im Gebirge. Berge sind dank ihrer schier unendlichen Mikrohabitate – schon ein Stein kann auf seinen unterschiedlichen Seiten komplett verschiedene Bedingungen bieten – ein Hotspot der Biodiversität.

Manchmal trägt der Mensch sogar zur Artenvielfalt bei, beispielsweise über die Almwirtschaft. Ohne grasende Kühe würden die Almflächen verkrauten und verbuschen, viele Arten verlören dadurch ihren Lebensraum. Bergleben kann also auch heißen: Mensch und Natur befruchten sich gegenseitig.

## In die Berge

Erklimme die Berge und spüre
die gute Energie. Der Friede in der Natur
wird in dich fließen wie der Sonnenschein,
der die Bäume nährt. Der Wind wird
dich erfrischen, der Sturm dich mit Kraft
erfüllen und alle deine Sorgen werden
abfallen von dir wie Herbstblätter.

**JOHN MUIR**

Schottisch-US-amerikanischer Naturphilosoph (1838–1914)

# DOLOMITENKRIEG

»Anfangs November schneite es Tag für Tag und große Schneemengen erstickten jeden feindlichen Angriffsversuch. Ohne auch nur einen Schritt des erkämpften Bodens wegen der Schneemassen herzugeben, blieben Offizier und Mann während des ganzen Winters in den Stellungen.

Nach den schweren Gefechten des Sommers begann jetzt erst der Stellungsbau. Jedes Brett, jeder Nagel wurde in fünf- bis sechsstündigem Aufstieg heraufgeschleppt, dazu tausende Fleisch-, Suppen- und Kaffeekonserven für die Reserveverpflegung, Brennholz und andere Materialien. [...]

Die Alpinen Detachements, denen die Verteidigung der Hochgebirgsstellungen im Cristallo-Gebiet anvertraut war, wurden aus den allerbesten bergsteigerisch geübten Offizieren und Mannschaften der im Abschnitt kämpfenden Kaiserjäger- und Landesschützenregimenter aufgestellt. Offizier und Mann standen jahrein jahraus in den schwierigsten Hochgebirgsstellungen der Front.

Im Monat März war die Hochgebirgskompanie 17 auf Schönleiten volle drei Wochen vom Hinterland abgeschnitten. Kein Telephongespräch, keine optische Verbindung war möglich. Bis wieder der normale Küchenbetrieb im Hochlager aufgenommen werden konnte, vergingen vier Wochen. Während der ganzen Zeit lebten Offizier und Mann nur von Konserven und Zwieback!«

Winter 1915/16 im Cristallomassiv, aufgezeichnet von Hauptmann Gaidos (Hochgebirgskompanie 16 der Kaiserjäger)

**FRONTABSCHNITT CRISTALLO**

Unterstand des Alpini-Kommandos an der Forcella Padeòn (2760 m). Hier befand sich die Bergstation einer Seilbahn, die der Versorgung der Kampftruppen diente. **AMPEZZANER DOLOMITEN, ITALIEN**

**DIE DREI ZINNEN**

Er ist weltberühmt, der Dreizack in den Sextener Dolomiten, ein alpines Traumbild. Erstbestiegen wurde die Große Zinne 1869 von Franz Innerkofler, Peter Salcher und Paul Grohmann über die Südflanke. Erst in den 1930er-Jahren gerieten die Nordwände in den Fokus der besten Kletterer. Den Anfang machte Angelo Dibona, der mit den Brüdern Dimai 1933 die Nordwand der Großen Zinne bezwang. Den (vorläufigen) Schlusspunkt der Entwicklung setzte Alexander Huber mit seiner Route »Panaroma« an der Westlichen Zinne, bei der er solo das große, 40 Meter überhängende Dach meisterte (Schwierigkeit XI- der Alpenskala). Im Bild Kletterer in der Nordwand der Westlichen Zinne.

**SÜDTIROL, ITALIEN**

**BERGBAUERNWELT**

Leben fast wie vor tausend Jahren: ein Hirte mit seinen Schafen in den Bergen des Himachal Pradesh

HIMACHAL PRADESH, INDIEN

**DER AMERIKANISCHE BISON**

Vor Jahrtausenden über die Beringbrücke aus Sibirien eingewandert, lebten vor Ankunft der weißen Siedler in Nordamerika rund 30 Millionen Bisons. Ihr Verbreitungsgebiet reichte von Alaska bis zum Golf von Mexiko. Vor allem in den Prärien des Mittleren Westens waren riesige Herden unterwegs. Intensive Bejagung führte Ende des 19. Jahrhunderts fast zur kompletten Ausrottung der Spezies. Mit der Gründung von Nationalparks entstanden erste Rückzugsgebiete für den größten Säuger des Kontinents, der Restbestand erholte sich allmählich auf aktuell etwa 350 000 Tiere. Um im Winter an Nahrung zu gelangen, setzen die Bisons ihren Kopf als »Schneeschaufel« ein und legen so die Grasnarbe frei.

**YELLOWSTONE NATIONAL PARK, USA**

## SCHLANGENLINIEN IN DEN DOLOMITEN

Der Schlaks ist gerade fünfzehn. Sein Rennrad hat er einem Freund abgekauft, für 50 Fränkli. Zehn Gänge, dünne Reifen – in der Schweiz heißen sie Collé – und ein steinharter Sattel. Er ist mit kleinem Gepäck unterwegs, solo, auf großer Passfahrt über die Großglockner-Hochalpenstraße, quer durch die Dolomiten und übers Stilfser Joch zurück in die Schweiz.

Sommerabenteuer 1959. Da hatte Federico Bahamontes, der »Adler von Toldedo«, gerade die Tour de France gewonnen. Der junge Zürcher fühlte sich auch ein wenig wie ein (kleiner) Vogel auf seiner Fahrt über ein halbes Dutzend Dolomitenpässe, vom Passo Tre Croci bis zum Karerpass mit dem Kulminationspunkt am Pordoijoch: 2239 Meter über dem Spiegel der Adria. Viel Gesellschaft hatte er unterwegs nicht, es waren vor allem sportbegeisterte Italiener am Straßenrand, die ihn anfeuerten: »Dai Coppi, Forza Nencini!«

Und heute? Radfahren, mit dünnen oder dicken Reifen, mit und ohne E-Hilfe, gehört längst zu den populärsten Freizeitbeschäftigungen. Bike-Kataloge sind dicker als das Münchner Telefonbuch, die Radmarathons Riesenevents. Beim Maratona dles Dolomites, der alljährlich Anfang Juli stattfindet, starten 10 000 Enthusiasten zum Schlangenlinien-Parcours. Sie werden jeweils ausgelost – bei rund dreimal so vielen Anmeldungen ...

**MARATONA DLES DOLOMITES**

Freie Fahrt für die Radler! Mit Muskelkraft unterwegs in den Serpentinen der Großen Dolomitenstraße.

**PORDOIJOCH, ITALIEN**

## Tita Piaz – Teufel der Dolomiten

Nicht nur Bergsteiger, sondern auch Führer – also Buchhalter anderer Leben –, wusste er, wie jeder andere auch, seine Gesetze zu befolgen. Beim Bergsteigen gibt es keinen Libertären. Aber hätte es nur einen gegeben, der unbeugsame Piaz (der die politischen Gefängnisse seiner beiden aufeinanderfolgenden österreichischen und italienischen Heimatländer und von allen Regimen gekannt hatte) wäre das gewesen.

**DER TEUFEL DER DOLOMITEN, ARTHAUD**

(übersetzt von Félix Germain)

**DIE GUGLIA EDMONDO DE AMICIS**

Der Zacken steht in dem Bergkamm, der den Misurinasee vom Cristallomassiv trennt. »Unmöglich!«, befanden Kletterer unisono anfangs des 20. Jahrhunderts. Bis Tita Piaz (sagt die Legende) auf die originelle Idee einer luftigen Hangelei kam. Benannt ist der schlanke Turm nach Signore De Amicis, dem Verfasser des in Italien sehr populären Jugendbuchs *Cuore* (1896).

**DOLOMITEN, ITALIEN**

**FUSS SCHLÄGT RAD**

Mag sein, dass der Fortschritt auf Rädern daherkommt, doch manchmal helfen auch viele PS nicht mehr weiter, vor allem im Gebirge. Da sind Füße doch einfach praktischer, und manchmal geht es gar nicht ohne. Wie in diesem Bild, das 1948 in Nepal aufgenommen wurde. **HIMALAJA, NEPAL**

**WEISSER TOD AM EVEREST**
Unberechenbar, gefährlich. Mit den weltweit steigenden Temperaturen und dem damit einhergehenden Gletscherschwund steigt auch das Risiko von Lawinenabgängen. **EVEREST, NEPAL**

THE NORTH FACE

**TANZ AUF DEM VULKAN**

Yellowstone ist – bildlich gesprochen – ein Pulverfass, eine riesige Caldera, die auf einer Kammer aus Magma von schier unvorstellbarer Ausdehnung hockt. Sie liegt in mehr als acht Kilometern Tiefe und lässt immer wieder von sich hören. Buchstäblich, etwa wenn der Geysir *Old Faithful* Dampf ablässt, was er durchschnittlich alle 91 Minuten tut. Schlammtöpfe und heiße Quellen sorgen auch im Winter für vergleichsweise angenehme Temperaturen. Davon wissen auch die Bisons, weshalb sie in der kalten Jahreszeit gerne solche »geheizten« Plätze aufsuchen. **YELLOWSTONE NATIONAL PARK, USA**

**HOCHHÄUSER DER BESONDEREN ART**
Termiten, mit Schaben (aber nicht mit den Ameisen) verwandt, bilden Insektenstaaten und bauen ganz unterschiedliche Behausungen, oft Türme, die bis zu sechs Meter hoch werden können. Das Baumaterial: Erde, Zellulose, Kot und Speichel der Insekten. Hält prima! **NORTHERN TERRITORY, AUSTRALIEN**

# EIS VOM HÖCHSTEN

Was dieser Berg kann, haben die wenigsten auf dem Zettel: Der Chimborazo in Ecuador ist mit seinen 6267 Metern zwar im Ranking der höchsten Berge selbst in Südamerika recht weit hinten (Platz 20) anzusiedeln. Doch dank seiner Nähe zum Äquator schafft er es – gemessen vom Erdmittelpunkt – sogar auf den ersten Platz, vor allen Achttausendern des Himalayas und Karakorums und knapp vor dem direkten Konkurrenten des südlich in der Cordillera Blanca gelegenen Nevado Huascarán (6758 m) in Peru. Den überragt der Chimborazo zwar nur um ganze fünf Meter (6384,557 km gegenüber 6384,552 km). Beim Everest sind es immerhin schon mehr als zwei Kilometer. Der benachbarte Cotopaxi, ebenfalls ein (noch aktiver) Vulkan, schafft es auf Platz 3 der illustren Liste, der Kilimandscharo, in Afrika nahe dem Äquator gelegen, auf Platz 4. Wissenschaftler nennen diesen Superlativ übrigens den Punkt der geozentrischen Maximaldistanz. Soll heißen: Wer auf dem Gipfel steht, hat seine Füße am weitesten weg vom Mittelpunkt des Globus.

Den Nachfahren der Inka, die im Hochland Ecuadors leben, sind derlei Zahlenspiele und Superlative egal. Für sie ist der Berg heilig, der Name Chimborazo könnte sich entweder als Kombination zweier indigener Wörter als »eisige Frau« übersetzen lassen oder aber, nimmt man die Sprache der Shuar aus dem Amazonastiefland Ecuadors zur Basis, als »eisiger Thron Gottes«. Wie auch immer: Über Jahrhunderte nutzte die indigene Bevölkerung das Eis des Vulkans zur Kühlung von Lebensmitteln. Heute gibt es vermutlich nur noch einen Hielero, wie die Eisschürfer im Spanischen genannt werden. Das Eis aus dem Gletscher zu schlagen ist mühsam, Esel transportieren die großen, zur Isolierung in Ichu-Gras gehüllten Quader nach unten ins Hochtal. Nicht mehr als Kühlschrank-Ersatz, sondern zum Beispiel, um auf dem Markt von Riobamba Obst und Gemüse im Mixer zu kühlen Drinks zu verarbeiten und zu verkaufen.

**KOSTBARES GLETSCHEREIS**

Baltazar Ushca ist der letzte Hielero (hielo = Eis) in den ecuadorianischen Anden. Früher wurden Eisblöcke nicht nur am Chimborazo, sondern auch an anderen vergletscherten Bergen abgebaut und in den Städten der Umgebung verkauft. **CHIMBORAZO, ECUADOR**

**HOOKER LAKE UND MOUNT COOK**
Als höchster Gipfel Neuseelands ist der Aoraki/Mount Cook (3724 m) ein begehrtes Tourenziel für Alpinisten. Erstmals bestiegen wurde er an Weihnachten 1894; eine neuseeländische Seilschaft, angeführt von Tom Fyfe, erreichte im achten Versuch (!) den Gipfel. Benannt ist der Berg nach dem Weltumsegler James Cook, der auf seiner ersten Südseereise am 6. Oktober 1769 in Neuseeland anlegte. Bei den Ureinwohnern, den Maori, heißt der Berg Aoraki, was so viel bedeutet wie »der die Wolken durchsticht«. **NEUSEELÄNDISCHE ALPEN, NEUSEELAND**

**DER EISIGE KOLOSS**

Ursprünglich nach dem 25. US-Präsidenten William McKinley benannt, gehört der Denali – bei den indianischen Ureinwohnern »der Große« – als höchster Gipfel Nordamerikas (6190 m) zu den Seven Summits. Er ist berüchtigt für sein eisiges Klima mit stürmischen Winden; auch während des »Sommers« sind Temperaturen von minus 30° Celsius keine Seltenheit.

**ALASKA, USA**

**DIE ANDENSTADT IN DEN WOLKEN**
Um die Mitte des 15. Jahrhunderts erbaut, dann vergessen und erst 1911 wiederentdeckt, ist Machu Picchu heute ein Hotspot des Südamerika-Tourismus. Und immer noch ein Ort, der so manches Geheimnis birgt. Erst in den letzten Jahren wurde der Zweck der hundert Terrassen rund um die Stadt entschlüsselt, entdeckte man, wie die Inkas ihre Mauersteine so passgenau in Form brachten. Und dass Machu Picchu ein Observatorium war. Wunder über Wunder. **ANDEN, PERU**

Urnäsch
Ennetbühl

**NUR FÜR STARKE MÄNNER?**

Schwingfeste gehören zur Schweiz wie das Matterhorn und der Emmentaler Käse (der mit den Löchern). Das Ringen auf der Sägemehlunterlage – im Dialekt *Hoselupf* – gilt als Nationalsport. Alle drei Jahre wird beim Eidgenössischen Schwing- und Älplerfest der Schwingerkönig gekürt. Übrigens: Seit ein paar Jahren treten auch Frauen zum Schwingen an, was von den Traditionalisten allerdings mit großer Skepsis beobachtet wird. **SCHWEIZ**

**I SUONI DELLE DOLOMITI**

Musik unter freiem Himmel, vor der schönsten Kulisse der Alpen: »die Klänge der Dolomiten« – ein unvergessliches Erlebnis für Augen und Ohren. Wer möchte nicht dabei sein, wenn das HalliGalli-Quartett vor der Pala-Nordkette seine virtuosen Jazz-Variationen zelebriert? Die Suoni delle Dolomiti erklingen an verschiedenen Plätzen der Trentiner Dolomiten jeweils im August und September. **TRENTINO, ITALIEN**

## El Condor Pasa

I'd rather be a sparrow then a snail.

Yes, I would,

if I could, I surley would.

Away, I'd rather sail away

like a swan that's here and gone.

A man gets tied up to the ground.

...

I'd rather feel the earth beneath my feet.

Yes, I would,

if I could, I surley would.

**SIMON AND GARFUNKEL (1970)**

US-amerikanisches Folkrock-Duo

**EWIGES EIS?**

Der Chacaltaya in der Cordillera Real galt einst als höchster Skiberg der Welt; ein Lift brachte die Besucher bis auf eine Höhe von 5395 Metern. Tempi passati. Der Gletscher ist verschwunden, geblieben ist die Hütte des Club Alpino Boliviano in schönster Aussichtslage. **CORDILLERA REAL, BOLIVIEN**

**DIE GELBE HÖLLE**

Eigentlich kein Platz für den Menschen, aber trotzdem Touristenattraktion und Arbeitsplatz: der Kratersee im Ijen-Vulkan auf Ostjava. In dem Gewässer brodelt ein Gemisch aus Salzsäure und übel riechenden Schwefeldämpfen; immer wieder entladen sich tödliche Gasblasen. Trotzdem steigen Tag für Tag Männer hinab in diese gelbe stinkende Hölle, um den verfestigten Schwefel zu »ernten«. Dazu müssen sie die schweren Brocken zum Kraterrand hinauftragen – Schwerstarbeit, im Wortsinn.

**JAVA, INDONESIEN**

**DIE WANDERNDEN STEINE**

Die Racetrack Playa in einem abgelegenen Winkel des Death Valley bewahrte ein Geheimnis: die wandernden Steine. Da schieben sich große und kleinere Steine über den flachen Sandboden, lange Schleifspuren hinterlassend. Das Phänomen beschäftigte Wissenschaft und Fantasie gleichermaßen, über ein Jahrhundert lang. Nun ist es gelüftet – leider? Dank moderner Technik konnte das Rätsel gelöst werden. Bei den (sehr seltenen) Niederschlägen in der kalten Jahreszeit bildet sich ein dünner Eisfilm auf dem Sand. Etwas Anschub durch den Wind genügt dann, um auch größere Brocken in Bewegung zu setzen – das Wüstenrennen kann beginnen.

**KALIFORNIEN, USA**

**WELT AUS FEUER UND EIS**
Auf der Halbinsel Kamtschatka, fern im äußersten Osten Russlands, schlägt das Herz des Pazifischen Feuerrings, angetrieben von gewaltigen tektonischen Kräften: 29 der 160 Vulkane sind aktiv, und die Erde bebt immer wieder. **KAMTSCHATKA, RUSSLAND**

# STEINZEIT

# STEINZEIT

Der Stein liegt angenehm in der Hand. Seine Oberfläche, seidig-matt geschliffen, ist von feinen Adern durchzogen. Auf der Isar-Kiesbank liegen zigtausende dieser Schmeichelsteine, manche erkennbar von weither angereist. ***Zuagroaste*** sagen da die Isar-Anrainer in Bayern, und der kleine Stein aus Gneis ist so einer. Gneis baut große Bereiche der Stubaier Alpen auf und die Gletscher der Eiszeiten als prägende Landschaftsgestalter beförderten ihn hinab ins Inntal und über den Seefelder Sattel ins nördliche Alpenvorland.

Was da als kleines Kunstwerk in meiner Hand liegt, ihr schmeichelt, ist das Ergebnis einer ganz weit zurückliegenden und einer jungen Phase der Erdgeschichte. Gneis wird als ein »durch Metamorphose unter mächtigem Druck bei hohen Temperaturen entstandenes Gestein« definiert. Die jüngste Eiszeit endete vor rund 10 000 Jahren mit dem Rückzug der großen Alpengletscher. Dazwischen liegen fast vier Milliarden Jahre, geprägt von den Naturgewalten Eis, Wasser und Vulkanismus. Da wurden ganze Kontinente verschoben, auch mal zum Verschwinden gebracht, Gebirgszüge aufgebaut, dann wieder eingerissen, die halbe Welt unter Ascheregen erstickt. Und dann

**KARIBISCHER TRAUM**

Die beiden Pitons, der Gros Piton (770 m) und der Petit Piton (743 m), gelten als Wahrzeichen der Karibikinsel Saint Lucia. Beide sind vulkanischen Ursprungs, stehen unmittelbar nebeneinander. Den höheren der beiden Gipfel kann man auf einem abschnittsweise steilen Pfad besteigen, allerdings nur mit einem Guide. Seit 2004 ist der Gebirgsstock UNESCO-Weltnaturerbe.

**SOUFRIÈRE, SAINT LUCIA**

erschien der Mensch. Nicht erst im Holozän, wie Max Frischs Herr Geiser meinte, sondern bereits im Pleistozän, vor etwa zweieinhalb Millionen Jahren. Sein Werkzeug: der Stein. Er ließ sich trefflich als Werkzeug wie auch als Waffe einsetzen, leitete den Aufstieg des Menschen zum ***Homo superior*** ein, zur ersten Spezies unter nicht mehr gleichen. Mit dem Stein reiste er fortan durch die Jahrtausende, baute erst Hütten, bald einmal Häuser aus Stein, Mauern, hinter denen man sich verschanzen konnte, und Pyramiden als gewaltige Grabstätten. Während Städte entstanden und wieder verfielen, Völker wanderten und irgendwann verschwanden, blieben die ganz großen Steine, die Gebirge, scheinbar vom berühmten »Lauf der Dinge« unberührt. Scheinbar, bis die Wissenschaft der Steine, die Geologie, mit dieser ***Grande Illusion*** aufräumte. Sie riss den Homo sapiens unsanft aus seiner Momentbezogenheit, die ihn weder zurück noch in die Zukunft schauen lässt, zeigte ihm, dass sein Blick auf die Welt jener einer Kamera gleicht, die immer nur einen winzigen Augenblick festhalten kann.

Heute weiß der aufgeklärte Mensch, dass er auf einem Vulkan lebt, von der tödlichen Glut nur durch eine wenige Kilometer dicke Gesteinsschicht getrennt. Die zudem wandert, zwar nur ganz langsam, in Maxi-Zeitlupe, angesichts der unvorstellbaren Massen der Kontinentalplatten aber sogar in der Lage, ganze Gebirge anzuheben. So gesehen ist immer Steinzeit. So gesehen waren es Steinzeitmenschen, die übergroße Porträts von vier Präsidenten der USA aus dem Granit des Mount Rushmore in den Rocky Mountains meißelten. Oder einen 57 Kilometer langen Tunnel durch den Fels des Gotthardmassivs bohrten.

Die Natur ist

eines der

schönsten Bücher.

Wir sollten es

öfter zur Hand nehmen

und darin lesen.

**KARL MIZIOLEK**

Österreichischer Hobbypoet (1937–2021)

**GUNUNG-MULU-NATIONALPARK**

Der 1974 geschaffene, über 500 Quadratkilometer große Park ist seit dem Jahr 2000 UNESCO-Weltnaturerbe. Er zeichnet sich durch seine ungewöhnliche Biodiversität und fantastische Karstformationen aus. Ein besonderes Highlight bilden die *Pinnacles*, messerscharfe Kalkzacken, die aus dem Regenwald ragen. **BORNEO, MALAYSIA**

**GIANT'S CAUSEWAY**

Im Norden der Antrim Mountains, wo der Höhenzug ins Meer abfällt, verläuft der »Damm der Riesen«, eine aus etwa 40 000 Basaltsäulen bestehende, fünf Kilometer lange Felsformation. Nach einer uralten Legende war es der Riese Finn McCool, der sie errichtete. Die Geologie sieht das weniger mystisch; der Giant's Causeway ist Überrest eines 60 Millionen Jahre alten Vulkans.

**NORDIRLAND, GROSSBRITANNIEN**

**LA GROTTA DI NETTUNO**
Sie ist nach Neptun, dem Gott der Meere, benannt, und sinnigerweise erreicht man den Eingang des Höhlensystems auch übers Wasser. Etwa vier Kilometer weit erstreckt sich die Grotta di Nettuno unter der Halbinsel Porto Conte im Nordwesten von Sardinien. Berühmt ist sie für ihre faszinierenden Tropfsteinbildungen. Ein spannender Zugang (neben der Bootsfahrt) führt über die 654 Stufen der kunstvoll angelegten Escala del Cabirol hinab zum Eingang. **SARDINIEN, ITALIEN**

**DEM FEUER GANZ NAH**

Lanzarote: Vulkanismus pur, eine Insel, gezeichnet von drei gewaltigen Eruptionen im 18. und 19. Jahrhundert. Der Besuch im *Parque Nacional de Timanfaya* ist ein Erlebnis, das fasziniert, aber auch erschreckt. Hier kommt man jenen Urgewalten, die im Innern unseres Planeten lauern, ganz nahe. Der Boden kocht buchstäblich, in den Montañas del Fuego wurden in 27 Metern Tiefe Temperaturen von 700° Celsius gemessen! Der Zündpunkt von Holz liegt bei etwa 300 Grad.

**LANZAROTE, SPANIEN**

**SPANIENS TIEFSTER GRABEN**
Der älteste Nationalpark der Pyrenäen (1918) grenzt im Norden an sein französisches Pendant, den Parc national des Pyrénées.
**PYRENÄEN, SPANIEN**

## ORDESA: PERSPEKTIVWECHSEL

Mit dem Grand Canyon verhält es sich wie mit dem Matterhorn. Es gibt nur ein Original, aber viele Kopien. Etwa den Cimon della Pala in den Dolomiten. Oder die Rheinschlucht im Bündner Oberland. Auch die Ordesa-Schlucht verweist in der Werbung gerne auf das US-Original – hört sich einfach gut an. Und »grand« ist er allemal, der Canyon des Rio Arazas, fast anderthalb Kilometer tief und von himmelhoch ragenden Felswänden flankiert. Hier kommen die meisten Besucher allerdings von unten, anders als beim *Grand Canyon*. Da schaut man nicht in die Tiefe, sondern nach oben, wo sich irgendwo hinter all den Felsen die berühmte

Brèche de Roland versteckt. Ein Perspektivwechsel ist nur zu Fuß möglich, auf halsbrecherisch steilen Pfaden über den Circo de Carriata oder den Circo de Cotatuero zum Faja de las Flores, einem markanten, horizontal verlaufenden Felsband.

Mit etwas Glück zeigt sich sogar ein garantiert schwindelfreier Pyrenäen-Bewohner: ein Bartgeier bei seinem Inspektionsflug über die Schlucht. Der ***Gypaetus barbatus*** gilt mit seiner Flügelspannweite von fast drei Metern als größter europäischer Greifvogel. Er ernährt sich fast ausschließlich von Aas. Dabei nutzt der Bartgeier eine clevere Technik, um Knochen toter Tiere mundgerecht zu zerkleinern. Er lässt sie aus großer Höhe auf Felsplatten fallen und frisst dann die Teile. ¡Buen provecho!

**FILETES DEL DIABLO**

Was für Kontraste! Schnee auf den Dreitausendern der Sierra Nevada, Badetemperaturen an der nahen Mittelmeerküste und im Rücken des Gebirgszuges Wüstenlandschaften: staubtrocken, von tiefen Gräben durchzogen, mit bizarren Felsformationen. Wie den *Filetos del Diablo* unweit des malerischen Fleckens Gorafe. **SIERRA NEVADA, SPANIEN**

**IRDISCH – AUSSERIRDISCH?**
Beim Anblick dieses ganz speziellen »Waldes« aus bis zu 200 Meter hohen Sandsteinsäulen wundert man sich nicht, dass James Cameron Sequenzen seines SF-Epos Avatar (2009) in Wulingyuan drehte. Mutige vertrauen sich dem 330 Meter hohen Outdoor-Aufzug an, der sie in zwei Minuten bis in die Region der »Baumwipfel« befördert. **HUNAN, CHINA**

**AUS DEM GESTEIN MODELLIERT: DER ROCK ARCH**

Mitten in der Wüste Namib, nicht allzu weit von der Atlantikküste, erhebt sich die Spitzkoppe (1728 m) – das »Matterhorn Namibias« – markant aus dem flachen Land. Ein beliebtes Fotomotiv der Region ist auch der Rock Arch, ein Felsenbogen in dem Vulkangestein. **NAMIB-WÜSTE, NAMIBIA**

**NATURWUNDER COYOTE BUTTES**

Was Wind und Wasser in die Wüstenlandschaft der Coyote Buttes gezaubert haben, ist schlicht überwältigend, die *wave* (Welle) das größte Highlight. Der Zugang wird streng reglementiert.

**VERMILION CLIFFS NATIONAL MONUMENT, USA**

## BARFUSS-VERBOT

Manche der Formationen sehen aus wie Burgen, an deren Mauern der Zahn der Zeit genagt hat. Andere wie Kathedralen mit einer Überfülle an spitzen, scharfkantigen Türmen. Es gibt aber auch weiche, abgerundete Formen, die aussehen, als hätte sich das Gestein selbst Umhänge aus rauem Stoff übergestreift. Die Natur hat mit Kalkstein und Laterit förmlich gespielt.

Was sich den Besuchern auf der Insel Madagaskar bietet, ist ein großes Freilichtkunstwerk. Die Einheimischen nennen die Gesteinsgebilde »Tsingy«, was so viel wie »auf den Zehenspitzen gehen« bedeutet. Mit anderen Worten: bloß nicht barfuß auf eine der Spitzen treten. Die Tsingy sind bis zu 20 Meter hoch und stellen eine geologische Besonderheit dar. Es sind Karstlandschaften, in denen nur kleinwüchsige Euphorbien, also Wolfsmilchgewächse, und Sukkulenten überleben, die lange Zeit Wasser speichern können. Im Untergrund existieren gewaltige Höhlen und kilometerlange Gänge, geschaffen von unterirdischen Flussläufen. Außer in den Karstgebieten findet man die typischen Tsingy-Strukturen auch in der Laterit-Erdschicht, die Madagaskar in einer Mächtigkeit von bis zu 20 Metern bedeckt. Verwitterung und Erosion haben die Formationen in Millionen von Jahren geschaffen. Diese rötlichen Tsingy liegen bei Antsiranana, einer Stadt im Norden der Insel.

Am beeindruckendsten sind die Tsingy de Bemaraha, der steinerne Wald von Madagaskar, 150 Kilometer nördlich der Stadt Morondava gelegen. Hier erstreckt sich ein Karstgebiet über annähernd 1500 Quadratkilometer, das entspricht in etwa der Fläche von Berlin und Hamburg zusammengenommen. Die Kalkstein-Tsingy liegen im Naturpark Réserve naturelle intégrale Tsingy de Bemaraha in der Provinz Mahajanga und gehören seit 1990 zum UNESCO-Weltnaturerbe.

**MONSTRÖSE KATHEDRALEN**

Ein steinerner Wald aus Burgen und Kathedralen, so groß wie Berlin und Hamburg zusammengenommen. Die Tsingy de Bemaraha sind bizarre Karstformationen auf der Insel Madagaskar und liegen in einem Naturpark.

**BEMARAHA, MADAGASKAR**

**SAHARA-BERGE**

Wie aus einer anderen Welt. Wind und Wetter haben im Ahaggar-Gebirge fantastische Skulpturen entstehen lassen. Frankreich nutzte ihre Lage fernab großer Siedlungen in den 1960er-Jahren für Atomwaffentests. So fanden in der Nähe des kleinen Ortes In Ekker 13 unterirdische Versuche statt. Bei einem Unfall wurde die Umgebung des Testgeländes stark verstrahlt.

AHAGGAR, ALGERIEN

**TIEFGANG**
Nicht nur am Festland sind die Ergebnisse tektonischer Aktivität sichtbar. Im Norden Islands liegt die von 3 °C kaltem Süßwasser geflutete Nesgjá-Spalte. Die bizarren Felsformationen dort, die einen glauben lassen, in einer anderen Welt zu sein, sind ein Paradies für Taucher aus aller Welt. **MÝVATN, ISLAND**

**TAUSEND HOODOOS**

Erosion. Das Zauberwort für eine Landschaft, die in Jahrtausenden aus dem Colorado-Hochplateau skulptiert wurde, wobei viele tausend Steinsäulen – Hoodoos – entstanden, die da und dort riesige Amphitheater bilden. Das berühmteste ist der Bryce Canyon. Benannt ist er nach dem ersten Siedler in der Gegend, Ebenezer Bryce, der 1862 mit seiner Frau hier ankam. Für das Naturwunder hatte er wohl keine Augen, er meinte, die Gegend wäre »a hell of a place to lose a cow«.

**BRYCE CANYON NATIONAL PARK, USA**

**VINICUNCA – DER REGENBOGENBERG**

Der Anblick hat etwas Surreales, *mountain painting* eben. Da hat jemand dem Berg in den Anden ein Tapetenmuster verpasst. Jemand? Die Natur. Eisen sorgt für rötliche Streifen, Mangan für Pinktöne, Schwefel ist für das Gelb verantwortlich, Kupfer lässt blaugrün entstehen und Granit ganz dunkle Linien. Der perfekte Regenbogen, vor vielen Jahrmillionen schichtweise abgelagert und schließlich von den mächtigen Kräften der Tektonik hochgehoben und aufgefaltet. **CUSCO, PERU**

**NICHT VON DIESER WELT**
Das Valle de la Luna, das Tal des Mondes, in der chilenischen Atacamawüste zieht viele Rucksackreisende an. Die extreme Trockenheit hat eine Landschaft geschaffen, die an die Oberfläche des Erdtrabanten erinnert. **ATACAMA, CHILE**

## MONDSÜCHTIG

Wer je in der Atacama eine Bergtour gemacht hat, kann den Wert von Wasser wirklich ermessen. Hat man nicht genügend dabei, hat man ein ernsthaftes Problem. Es gibt Orte im Innern der südamerikanischen Pazifikküstenwüste, in denen es seit Jahrzehnten keinen Regen gab. Das extreme Klima ist zweierlei Phänomenen geschuldet: Zum einen liegt die Atacama im Regenschatten der Anden, und aus dem Osten kommen nur trockene Winde. Zum anderen führt der Humboldtstrom kaltes Meerwasser an die Küsten, sodass sich keine Regenwolken bilden und kein Steigungsregen auftritt in der trockensten Wüste der Erde außerhalb der Polarregionen.

Die Berglandschaft hat aufgrund des hyperariden Klimas ihren besonderen Reiz. Weil die Vegetation fehlt, treten Farben und Formen des Gesteins in den Vordergrund, die Erosionsformen wirken fast körperlich, man fühlt sich wie in einer fremden, außerirdischen Welt. Es ist daher nicht verwunderlich, dass Bezeichnungen wie das »Valle de la Luna« Eingang gefunden haben.

Im Abstand von sechs bis zehn Jahren kommt es in Teilen der Atacamawüste zu heftigen Niederschlägen. Die werden mit dem Klimaphänomen »El Niño« in Verbindung gebracht, wenn der Humboldtstrom für kurze Zeit zurückbleibt. Die Wüste erblüht, gleichzeitig gibt es aber auch schwere Überschwemmungen in den wenigen besiedelten Gebieten der Atacama.

**VULKANE AUF JAVA**

Indonesien ist Vulkanland, Teil des Pazifischen Feuerrings. Hier reiht sich ein Vulkan an den andern, viele sind noch aktiv, auch der Bromo (2329 m) auf Java, im Tengger-Massiv. Der Stratovulkan mit seiner charakteristischen Kegelform ist ein beliebtes Ausflugsziel, eine lange Treppe führt direkt bis zum Kraterrand. Die Szenerie ist atemberaubend, der Geruch nach faulen Eiern ebenso. **JAVA, INDONESIEN**

**ZABRISKIE POINT**

Auf der einen Seite die Black Mountains – im Bild – auf der anderen das Death Valley. Zabriskie Point gilt als einer der besten Aussichtspunkte der Region. Das Tal des Todes ist ein Ort der Superlative: tiefster Punkt der USA (88,5 Meter unter dem Meeresspiegel), so trocken und heiß wie nirgendwo im Land (50 Millimeter Regen pro Jahr). Am 5. August 2022 fielen hier allerdings 37 Millimeter, was zu Überschwemmungen und Murabgängen führte.

**DEATH VALLEY, USA**

**SEGEN UND FLUCH ZUGLEICH**
Auf Sizilien lebt man mit und unter dem *Mongibello*, wie der Ätna bei Einheimischen heißt. Seine Ausbrüche sind gefürchtet, das Basaltgestein sorgt aber für gute Erträge der Landwirte. Der rund 3350 Meter hohe Gebirgsstock im Osten der Insel bedeckt eine Fläche von rund 1250 Quadratkilometern. Die dünnflüssige Lava tritt meist durch lange Risse im Kratermantel aus. An der Oberfläche kühlt der Lavastrom rasch ab, verfestigt sich dadurch, während er in der Tiefe noch abfließt. So entstanden – vor allem an der Nordseite des Ätna – zahlreiche Lavahöhlen. Der jüngste Ausbruch des Ätna datiert vom Februar 2022. **SIZILIEN, ITALIEN**

**VULKANAUSBRUCH AUF LA PALMA**
Am 19. September 2021 kam es am Westhang der Vulkankette von Cumbre Vieja zu einem Ausbruch, der, begleitet von zahlreichen Erdstößen, fast drei Monate andauern sollte. Dabei wurden mehrere Ortschaften schwer in Mitleidenschaft gezogen. Zehn Tage nach dem Vulkanausbruch ergoss sich der Lavastrom ins Meer. Insgesamt dürften wohl an die 1600 Gebäude zerstört worden sein, die meisten Wohnhäuser, dazu rund 70 Straßenkilometer. 370 Hektar Bananenplantage begrub der Lavastrom. Der gesamte Schaden an der Infrastruktur beläuft sich auf über eine Milliarde Euro. **LA PALMA, SPANIEN**

## DIE ORGELPFEIFEN IN DEN PYRENÄEN

Was man aus der Ferne leicht für eine antike Ruinenstadt, vielleicht auf dem Peleponnes, halten könnte, entpuppt sich bei näherem Augenschein als ein von der Natur geschaffenes Wunder. Orgues heißen die bizarren, von der Erosion gezeichneten Mauern und Türme, oder Cheminées de Fée, andernorts in Frankreich auch Demoiselles Coiffées. In Südtirol, wo man sich mit so fantasievollen Vergleichen nicht aufhält, werden sie schlicht als Erdpyramiden bezeichnet. Sie sind, wie auch die »Fräuleins«, aus Moränenschutt modelliert; bei den Orgues handelt es sich dagegen um Ablagerungen aus dem Pliozän, drei bis fünf Millionen Jahre alt. Hier wie dort hat sich das Wasser als sehr kreative Künstlerin betätigt und die skurrilsten Formen aus dem hartgepressten Material geformt. Wo stabile Gesteine oder von der Têt angespülte Granitbrocken aus dem Carlit-Massiv den Erosionsprozess verzögerten, entstanden schlanke Türme. Ihre Lebensdauer ist allerdings begrenzt, sie beträgt selten mehr als ein halbes Jahrhundert. Der berühmte »Zahn der Zeit«, er lässt sich nicht aufhalten, wir wissen es. So ist im Tal der Têt über die Zeit ein lebendiges, sich ständig wandelndes Naturmuseum entstanden – eine Parabel auf das Leben schlechthin.

Übrigens: Ganz weit weg von den Pyrenäen, jenseits des Atlantiks, gibt es im Westen der USA ein ungleich größeres Vorkommen von Orgues. Die aus dem Sandstein erodierten Skulpturen heißen im fernen Utah *Hoodoos*, was sich im weitesten Sinn mit Magie übersetzen lässt. Und wie von Zauberkräften geschaffen erscheinen die Skulpturen allemal.

**DIE ORGELN VON ILLE-SUR-TÊT**

Wasser hat die großen Berge modelliert, aber auch vergleichsweise kleine Sehenswürdigkeiten wie die Türme bei Ille-sur-Têt am Fuß des Canigou-Massivs. Der Fluss Têt lieferte vor ein paar Millionen Jahren den Baustoff Sand, Wasser modellierte daraus fantastische Skulpturen. Aufgereiht erinnern sie an Orgelpfeifen.

**PYRENÄEN, FRANKREICH**

## Phantasie

Und dass schon hier im Reich der Sinne
Die junge Paradieswelt beginne,
Ward unserm Geist ein Wesen zugesellt,
Aus Geist und Sinnlichkeit geboren:
Die Phantasie ward auserkoren,
Zu öffnen uns die reiche Wunderwelt.

**CHRISTOPH AUGUST TIEDGE**

Deutscher Schriftsteller (1752–1841)

**MONT-SAINT-MICHEL IN DEN USA?**
Fast 500 Meter hoch ragt der Vulkanrest des *Shiprocks* in den Himmel von New Mexico. Eine Kirchenburg mitten in der Wüstenlandschaft, rundum Sand, kein Wasser? **COLORADO-PLATEAU, USA**

**MESA VERDE**
Rund 900 Jahre alt ist der Cliff Palace, eine der größten Siedlungen der Pueblo-Indianer auf dem Hochplateau von Mesa Verde. Besonders auffallend ist der vierstöckige Wohnturm. **MESA VERDE NATIONAL PARK, USA**

# WERKSTATT

# WERKSTATT

Freie Sicht aufs Mittelmeer! Das forderte vor ein paar Jahrzehnten die Zürcher Jugend. Sie wollte allerdings nicht – wie man vermuten könnte – die Alpen aus dem Weg räumen, vielmehr ging es um mehr Offenheit, darum, der geistigen Beengtheit zu entkommen. Seither hat sich einiges verändert im Land Tells, die Alpen stehen noch, doch Maschinenkraft und Innovationswillen haben den Weg nach Süden, Richtung Mittelmeer, freigeschaufelt. Ein 57 Kilometer langer Eisenbahntunnel – Weltrekord für die kleine Schweiz! – verbindet Nord und Süd; gerade mal noch eine halbe Stunde sind der Vierwaldstättersee und die Tessiner Riviera voneinander entfernt.

Helvetien feierte 2016 das epochale Werk als (vorläufiges) Finale einer Entwicklung, die vor Urzeiten eingesetzt hatte: die »Eroberung« der Alpen. Sie vollzog sich mit Hammer und Meißel, später mit Alfred Nobels Sprengstoff, mit viel Zement, führte immer höher auf und immer tiefer in den Berg. Der bewahrte in seinem Bauch kostbare Rohstoffe, die sich wiederum zu Gerätschaften verarbeiten ließen, mit deren Hilfe die Möblierung des Gebirges vorangetrieben werden konnte. Aus schmalen Saumpfaden wurden breite Chaussées. Dann

**MAGINOT-LINIE**

Festungsbau hat in Frankreich eine lange Tradition; begründet wurde sie von Sébastien Le Prestre de Vauban, *Maréchal de France* unter König Louis XIV. Mit den Bunkern der Maginot-Linie, die in den 1930er-Jahren entstanden, wollte Frankreich seine Ostgrenze sichern, vor allem gegen Deutschland. Der Festungswall endete allerdings nicht an der Schweizer Grenze; monumentale Anlagen, die teilweise noch aus Vaubans Zeit stammen, schützten die Grenze zu Italien.

**ALPEN, FRANKREICH**

kam die Eisenbahn, man grub sich durch das Gestein in eine leuchtende Zukunft. Die hatte einen Namen mit englisch-französischen Wurzeln: Tourismus. Reisen und Natur, das passte zusammen, wobei das Beiwort »unberührt« nicht fehlen durfte. Dass massenhaftes Reisen letztlich zu weit mehr Berührung führt, als für die (Um-)Welt zuträglich ist, ging im Werbesprech unter.

Auch vor Kriegen blieben die Alpen nicht verschont. Davon zeugen gewaltige Festungsanlagen im Westen des tausend Kilometer langen Gebirgsbogens ebenso wie die Schützengräben aus dem Dolomitenkrieg 1915 bis 1917. Schon viel früher, noch vor Beginn unserer Zeitrechnung, landete Hannibal seinen legendären Coup, indem er mit seinem Riesenheer samt Elefanten die Westalpen überquerte und die Römer in der Poebene überraschte. Im Mittelalter musste eine andere Weltmacht erfahren, wie wehrhaft kleine Alpenvölker auf Bevormundung reagierten. In der Schweiz, auf den Resten habsburgischer Besitzungen 1291 gegründet, sollte in der Neuzeit der Alpentourismus entstehen.

Heute sind die Alpen weltweit das am stärksten erschlossene Gebirge. Doch auch anderswo sind ähnliche Entwicklungen zu beobachten, mit den gleichen Prioritäten: Verkehr, Tourismus und Energiegewinnung (Wasser, Wind). Mit besonderer Rücksichtslosigkeit wird die Ausbeutung kostbarer Rohstoffe vorangetrieben, ohne die eine digital dominierte Welt nicht auskommt, vor allem in den Entwicklungsländern. Dass hier gerade Gebirgsregionen im Fokus stehen, ist erdgeschichtlich, also geologisch zu erklären: Urzeit trifft Gegenwart. Von unberührt keine Spur.

Die Natur betrügt uns nie.

Wir sind es immer,

die wir uns selbst betrügen.

**JEAN-JACQUES ROUSSEAU**

Französischer Schriftsteller, Philosoph und Naturforscher (1712–1778)

**SIERRA DE GUARA**

Im Hinterland von Huesca erheben sich die Bergketten der Sierra de Guara. Was auf den ersten Blick recht unspektakulär wirkt, entpuppt sich als ein Labyrinth von Schluchten, tief ins Gestein gegraben. Ein Dorado für Kletterer und Naturfreunde. Steinzeitliche Felsmalereien belegen, dass die Gegend bereits vor 20 000 Jahren besiedelt war. Unsere Zeit nutzt das vertikale Profil der Landschaft zur Energiegewinnung (Embalse de Vadiello).

**SIERRA DE GUARA, SPANIEN**

**WAVE ROCK – EINE GANZ BESONDERE WELLE**
Der Ozean ist nicht allzu weit, doch diese Welle taugt garantiert nicht zum Surfen. Sie besteht aus Granit, ist also fast für die Ewigkeit gemacht. Geologen schätzen ihr Alter auf mehr als zweieinhalb Milliarden Jahre – ein Blick in die Frühzeit unserer Erde. **HYDEN, AUSTRALIEN**

**AM ABGRUND ENTLANG**

*Camino de la Muerte* wurde die Yungas-Straße früher genannt, sie galt als gefährlichste Straße der Welt. Und Tote gab es auf der Strecke immer wieder. 1983 stürzte ein Bus in die Tiefe, hundert Menschen kamen ums Leben. Die 80 Kilometer lange Yungas-Straße wurde in den 1930er-Jahren erbaut, sie verbindet La Paz mit Caranavi in der Region Yungas. Erst 2007 wurde die immer wieder durch Muren und Bergstürze in Mitleidenschaft gezogene Trasse durch eine neue, durchgehend zweispurige Straße ersetzt. Heute sind vor allem Biker auf der historischen Route unterwegs – talwärts. Ein Kuriosum: Auf dem *Camino de la Muerte* gilt – im Gegensatz zum übrigen Bolivien – Linksverkehr. Das verschafft dem Fahrer einen besseren Blick auf den Fahrbahnrand – und den Abgrund darunter ... **LA PAZ, BOLIVIEN**

**LHASA-BAHN**
Die 1956 Kilometer lange, 2006 fertiggestellte Bahnlinie verbindet die Provinzhauptstadt Xining mit Lhasa. Höchster Punkt ist der Tanggula-Pass mit 5072 Metern: Weltrekord. Auch die 675 Brücken mit einer Gesamtlänge von 160 Kilometern dürften von keiner anderen Bahnstrecke erreicht werden. Der 32,6 Kilometer lange, 2014 eröffnete Guanjiao-Tunnel ist der längste Eisenbahntunnel Chinas. Übertroffen wird er in absehbarer Zeit von dem Yigong-Tunnel (42,5 km) der im Bau befindlichen Sichuan-Tibet-Bahn (Eröffnung voraussichtlich 2030). **TIBET, CHINA**

**CANFRANC: EIN WEISSER ELEFANT**

Das Bahnhofsgebäude ist 250 Meter lang und damit das größte Spaniens und eines der größten weltweit. Nur schmückt es keine Metropole, vielmehr liegt Canfranc mitten in den Pyrenäen, als Symbol für ein gescheitertes Verkehrsprojekt. Heute ist es ein Wallfahrtsort für Lost-Places-Fans aus aller Welt. **PYRENÄEN, SPANIEN**

**KONTRASTE**
Zwei Gesichter Japans: Tokio, das pulsierende Herz der wirtschaftlichen Großmacht Japan, und der heilige Berg Fuji. An schönen Tagen besteigen über 3000 Menschen den 3776 Meter hohen Vulkan. **TOKIO, JAPAN**

**DIE REICHSTE STADT DER WELT**
Dass Potosi, hoch in den Anden gelegen, einst als reichste Stadt weltweit galt, verdankt es dem Cerro Rico, dem »reichen Berg« mit seinen immensen Silbervorräten. Damit finanzierte Spanien im 16./17. Jahrhundert einen Großteil seines Staatshaushaltes.
**POTOSI, BOLIVIEN**

**KEHRTUNNELS, BRÜCKEN, TUNNELS: WELTERBE ALBULALINIE**

Graubünden öffnete seine Straßen erst 1925 für den Autoverkehr. Dafür hatte der Gebirgskanton bereits 1913 ein gut ausgebautes, über 300 Kilometer langes Eisenbahnnetz. Die spektakulärste Strecke führt von Thusis nach St. Moritz: die Albulabahn, seit 2008 UNESCO-Weltkulturerbe. Ihr schönstes Bauwerk: der gekrümmte, 65 Meter hohe Landwasserviadukt.

**GRAUBÜNDEN, SCHWEIZ**

WALTER

## MEISTERWERK DER INGENIEURSKUNST

Manchmal haben Zahlen eine gewaltige Schlagkraft, um die Dimension eines Projektes spürbar zu machen: 57 Kilometer lang. Bis zu 2300 Meter tief. Bis zu 46 Grad Celsius Temperatur im Berg. 28,2 Millionen Kubikmeter abtransportiertes Gesteinsmaterial. 2400 Arbeiter. 17 Jahre Bauzeit. Elf Milliarden Euro Kosten. 260 Güterzüge und 65 Passagierzüge täglich. Der Gotthard-Basistunnel vereinigt viele Superlative. Er ist nicht nur der längste Eisenbahntunnel der Welt, sondern auch der tiefste, da er bis zu 2,3 Kilometer unter Gestein verläuft. Er ist sicherlich auch ein Meisterwerk der Ingenieurskunst und wurde am 1. Juni 2016 mit einer großen Feier eröffnet. Die fahrplanmäßige Inbetriebnahme erfolgte im Dezember 2016. Der Tunnel führt von seinem Nordportal bei Erstfeld im Kanton Uri zum Südportal bei Bodio im Kanton Tessin. Der Haupttunnel mit seinen 57 Kilometern besteht aus zwei einspurigen Röhren, die 40 Meter auseinanderliegen und alle 325 Meter durch einen Querstollen miteinander verbunden sind. Zählt man alle Verbindungs- und Zugangsstollen sowie Schächte hinzu, misst das ganze Tunnelsystem knapp 152 Kilometer.

Das Jahrhundertbauwerk feierte bereits am 15. Oktober 2010 seinen Weltrekord. Das war der Tag, an dem der Hauptdurchschlag erfolgte – 27 Kilometer vom Nordportal und 30 vom Südportal entfernt. Auch die Vermesser hatten eine Glanzleistung vollbracht: Die Abweichung betrug vertikal nur einen Zentimeter, horizontal lediglich acht. Dabei hatten die Tunnelbauer, die Schweizer nennen sie Mineure, etwa zu 80 Prozent Tunnelbohrmaschinen verwendet, zu 20 Prozent sprengten sie das Gesteinsmaterial heraus, das von Granit bis hin zu Sedimentgestein ganz unterschiedlich war.

Bevor der Gotthard-Basistunnel in Betrieb ging, prüften Ingenieure in mehr als 3500 Testfahrten das Zusammenspiel aller Tunnelkomponenten. Ende 2015 fuhr erstmals ein Zug mit der maximalen Testgeschwindigkeit von 275 Kilometer pro Stunde durch die Röhre.

**WELTREKORD-RÖHRE**
57 Kilometer misst der Gotthard-Basistunnel, er ist damit der längste Eisenbahntunnel der Welt. Rechnet man die Verbindungs- und Zugangsstollen hinzu, kommt man sogar auf 152 Kilometer.
**GOTTHARD, SCHWEIZ**

**SCHWERSTARBEIT IM GROSSEN STIL**
Vier Tunnelbohrmaschinen kamen beim Bau des Gotthard-Basistunnels zum Einsatz. Der Durchmesser eines Bohrers beträgt fast zehn Meter, wird von zehn Motoren angetrieben und ist 2700 Tonnen schwer. Eine Tunnelbohrmaschine verbraucht am Tag so viel Energie wie 4200 Einfamilienhäuser. **GOTTHARD, SCHWEIZ**

**KURVENKARUSSELL: DIE STILFSER-JOCH STRASSE**
Die 48 Spitzkehren an der Ostrampe des Jochs sind legendär, vor allem natürlich bei Rennradlern. Eröffnet wurde die Passstraße nach nur fünfjähriger Bauzeit 1825, damals als innerösterreichische Verbindung zwischen Südtirol und der Lombardei. Projektierung und Bauleitung lag bei dem aus Brescia stammenden Ingenieur Carlo Donegani. **SÜDTIROL, ITALIEN**

# DIE FESTUNG DER SAVOYER

Treppensteigen ist nicht jedermanns Sache, schon gar nicht, wenn sich die Himmelsstiege über 635 Höhenmeter erstreckt und 3966 Stufen aufweist. Unglaublich! Mehr als doppelt so lang wie die 1576 Tritte bis zur Aussichtsplattform des Empire State Building – in immerhin 320 Metern Höhe. Noch erstaunlicher: Die Fortezza di Fenestrelle hat mehr als drei Jahrhunderte auf dem Buckel. Am sonnseitigen Hang des Valle del Chisone wurden in Etappen 1 350 000 Quadratmeter überbaut, was der Fläche von etwa 125 Fußballfeldern (!) entspricht. Ursprünglich zur Sicherung der französischen Ostgrenze gedacht, kam die Festung im Frieden von Utrecht (1713) an die Savoyer, die den weiteren Ausbau der Anlage betrieben. Sie besteht im Wesentlichen aus den drei Forts ***San Carlo***, ***Tre Denti*** und ***Delle Valli***, die übereinander am Talhang platziert sind. Die rekordlange ***Scala Coperta*** verbindet die Festungen miteinander. Sie verläuft – ihr Name verrät es – im Inneren der Anlage, geschützt durch zwei Meter dicke Mauern. Ein Treppenweg besteht auch zwischen den 24 terrassenartig angelegten Geschützstellungen im unteren Teil der Fortifikation. Ganz besonderes Militärpersonal beherbergte die ***Colombaia***, ein quadratisches Bauwerk am Fuß des Festungsberges: Brieftauben. Sie dienten der Nachrichtenübermittlung in Kriegen, seit der Antike. Dschingis Khan setzte sie ein, auch die US Army im Zweiten Weltkrieg. GI Joe wurde für seinen Einsatz in Italien mit einem Orden der britischen Armee ausgezeichnet. Er starb im Alter von 18 Jahren im Zoo von Detroit.

**DIE GRÖSSTE FESTUNG EUROPAS**

Im Valle del Chisone, an der Straße nach Sestriere, versteckt sich eine gewaltige Festung, von den Franzosen zur Grenzsicherung angelegt, später durch Savoyen stark ausgebaut. **PIEMONT, ITALIEN**

Das große Karthago führte drei Kriege.
Nach dem ersten war es noch mächtig.
Nach dem zweiten war es noch bewohnbar.
Nach dem dritten war es nicht mehr zu finden.

**BERTHOLD BRECHT**

Deutscher Dichter (1898–1956)

**STRADA DELLE 52 GALLERIE**

Im Ersten Weltkrieg wurde auch in den Ostalpen heftig gekämpft. Ein Angelpunkt der Front zwischen Österreich und Italien war das Pasubio-Massiv. Um ihren Nachschub beschusssicher an die Front zu bringen, bauten die Alpini 1916 die »Straße der 52 Tunnels« in die felsigen Südabstürze des Forni-Alti-Stocks: 6,5 Kilometer lang, Höchststeigung 22 Prozent. Der längste Tunnel misst 319 Meter; noch beeindruckender ist ein Spiraltunnel, der sich im Inneren eines Felsturms nach oben schraubt. **PASUBIO, ITALIEN**

**DAS FELSENSCHIFF VON BESENO**
Auf halber Strecke zwischen Trento und Rovereto thront die größte Burg des Trentino auf einem isolierten Hügel mitten im Etschtal. Sie dürfte im Kern auf das 12. Jahrhundert zurückgehen, kam 1470 an die Grafen von Trapp, die sie zu einer Renaissance-Festung ausbauten. Heute ist Castel Beseno als Außenstelle des Trentiner Landesmuseums (Schloss Buonconsiglio, Trento) für die Öffentlichkeit zugänglich. **TRENTINO, ITALIEN**

**EIN GANZ BESONDERES »KLOSTER«**

Hotels werben bekanntlich gerne mit Aussicht, auf Berge oder Seen. Nicht so die *Claustra* mit ihren 17 Zimmern. Sie hat ihren Platz oben am Gotthardpass, aber ganz ohne Fenster und Ausblick: in einer alten Festung der Schweizer Armee. Feuchte, unverputzte Stollenwände, schlichte Zimmer, weder TV noch Handy-Empfang, dafür ein sechs-Gänge-Menü – ein ganz besonderes Im-Berg-Erlebnis. **GOTTHARDPASS, SCHWEIZ**

## Vereinigung

Großes geschieht,
wenn Mensch und Berg sich treffen.
Die Energie ist das einzige Leben
und kommt aus dem Körper,
und die Vernunft ist die Grenze
oder der äußere Umfang der Energie.
Energie ist ewige Freude.

**WILLIAM BLAKE**

Englischer Dichter, Naturmystiker, Maler (1757–1827)

**METEORA – EINFACH UNGLAUBLICH!**

Dem Irdischen entrückt, Gott näher als der Welt. Das war es, was Menschen bereits vor mehr als tausend Jahren dazu brachte, Wohnhöhlen, Einsiedeleien und Klöster in die schroffen Felsen von Metéora am Ostrand des Pindos-Gebirges zu bauen. Sechs Klöster sind heute noch bewohnt, können auch besucht werden. Dabei braucht man sich nicht mehr, wie früher, in einem Netz an den senkrechten Felsen hochziehen zu lassen. Der Tourismus hat Metéora längst entdeckt, auch die Kletterszene – und das Kino. James Bond jagte hier hinter Bösewichten her, auch Indiana Jones war schon da. **THESSALIEN, GRIECHENLAND**

**DAS VOGELNEST**

Seit 15 Jahrhunderten trotzt das »Hängende Kloster« (Xuankong Si) den Gesetzen der Schwerkraft, klebt es wie ein Vogelnest an der senkrechten Felswand. Fast ausschließlich aus Holz erbaut, wird der Baukomplex von Holzbalken und -pfeilern getragen. Ein Leben am Abgrund, dem Himmel nahe. Und eines, das von Toleranz geprägt wird, denn hier sind die drei großen Lehren Chinas unter einem Dach vereint: Buddha, Konfuzius und Laozi.

**HUNYUAN, CHINA**

## Der Lotosgeborene

Es ist unmöglich, Buddha woanders zu finden
als im eigenen Bewusstsein. Jemand,
der das nicht weiß, mag außen suchen.
Aber wie ist es möglich, sich selbst zu finden,
wenn man woanders sucht als in sich selbst?

**PADMASAMBHAVA**

Begründer des Buddhismus in Tibet,
meditierte nach der Überlieferung am Platz des Klosters Taktshang (8./9. Jh.)

**DAS TIGERNEST**

»Versteck des Tigers« (Taktshang) heißt das Kloster in Himalaja Bhutans, und gut versteckt ist es tatsächlich. Der im 17. Jahrhundert errichtete Baukomplex ist nur zu Fuß erreichbar; es thront auf steil abfallenden Felskuppen über einem tief eingeschnittenen Tal im Westen des Landes. **PAROTAL, BHUTAN**

**DER HEILIGE BERG**
Sein ebenmäßiges Profil ist unverkennbar, auch die weiße Mütze: Kailash, bei den Tibetern *Gang Rinpoche*, was so viel bedeutet wie »kostbares Schneejuwel«. Und das Profil ist Buddhisten wie Hindus heilig, noch nie hat eines Menschen Fuß seinen Gipfel betreten. Ob es da Zufall ist, dass gerade in dieser abgelegenen Bergregion die großen Flüsse des südasiatischen Raumes ihren Ursprung haben? **TIBET, CHINA**

**MARMI DI CARRARA**
Die Kollision der afrikanischen und der eurasischen Kontinentalplatte formte aus Kalk vor etwa 50 Millionen Jahren bei Temperaturen von mehr als 400 Grad Celsius weißen Marmor; Michelangelo, der geniale Renaissance-Künstler machte ihn berühmt. Heute werden jährlich rund fünf Millionen Tonnen aus den Felsen der Apuanischen Alpen gebrochen, fünfzigmal mehr als noch zu Beginn des 20. Jahrhunderts. Ein unverantwortlicher Raubbau, meinen Umweltschützer. **APUANISCHE ALPEN, ITALIEN**

**SALINERAS DE MARAS**
Bei Maras nutzen die Einheimischen seit vielen Jahrhunderten eine Solequelle zur Salzgewinnung. Das Wasser wird auf terrassenartig angeordnete kleine Teiche geleitet. Den Rest besorgt die Sonne durch Verdunstung. Zurück bleibt *Sal de Maras*. Das kann man übrigens auch in Deutschland kaufen. **CUSCO, PERU**

## HOMMAGE UND FAUXPAS

Die Vereinigten Staaten von Amerika sind bekannt für XXL-Formate, und so legt das Mount Rushmore National Memorial ein frühes Zeugnis dafür ab. Die Idee für das Denkmal an dem 1745 Meter hohen Berg in den Black Hills im US-Bundesstaat South Dakota kam von dem Bildhauer John Gutzon de la Mothe Borglum, der das Monument zwischen 1927 und 1941 in den Granit sprengen, hauen und meißeln ließ. Etwa 400 Helfer und Arbeiter waren damit in den Sommermonaten beschäftigt. Die Porträtköpfe der amerikanischen Präsidenten George Washington, Thomas Jefferson, Theodore Roosevelt und Abraham Lincoln sind je 18 Meter hoch. Mit ihnen sollten die zur Zeit der Entstehung des Denkmals bedeutendsten Präsidenten geehrt werden. Der Bildhauer Gutzon Borglum verstarb im März 1941 plötzlich, sodass er das Monument, für das er ein Modell entwickelt hatte, nicht mehr zu Ende bringen konnte. Zwar setzte sein Sohn die Arbeiten noch einige Monate fort, bis sie im Oktober 1941 aus Geldmangel eingestellt und das Denkmal für vollendet erklärt wurden.

Das Mount-Rushmore-Nationaldenkmal hat eine Vorgeschichte: Ursprünglich wollte der Historiker Doane Robinson (1856–1946) ein Monument in den Bergen von South Dakota erstellen lassen, um den Tourismus anzukurbeln. Er dachte dabei aber nicht an Präsidenten, sondern an Größen der Geschichte des amerikanischen Westens wie Lewis and Clark, Red Clark und Buffalo Bill. Doch scheiterte die Idee damals noch an der Finanzierung und dem Widerstand der Ureinwohner.

Letztere kämpfen bis heute gegen das Denkmal am Mount Rushmore. Denn das Gebiet der Black Hills ist Bestandteil eines 1868 abgeschlossenen Vertrages, wonach die Sioux-Indianer über das alleinige Nutzungsrecht verfügen. Die USA brachen den Vertrag bereits neun Jahre später, als in den Black Hills Gold gefunden worden war. 1971 besetzten Aktivisten der Bewegung »American Indian Movement« für kurze Zeit den Berg und errichteten eine Gebetsstätte auf dem Gipfel.

**KLUGE KÖPFE**

Abraham Lincolns Kopf wurde 1937 in Angriff genommen (Foto), zuvor schon hatte der Bildhauer Gutzon Borglum mithilfe von mehreren hundert Arbeitern die Präsidenten George Washington und Thomas Jefferson in den Granit sprengen und meißeln lassen. Danach folgte noch Theodore Roosevelt, bis das Monument am Mount Rushmore 1941 beendet wurde. Jährlich besuchen zirka 2,5 Millionen Touristen das Mount Rushmore National Memorial. **SOUTH DAKOTA, USA**

# PULITZER-PREISTRÄGERIN TRIFFT GIPFELSTÜRMER

In unserer Zeit, die alles weiß, alles beschreibt, bebildert und per Internet über den ganzen Planeten verteilt, ganz ungefiltert, sind Überraschungen selten geworden. Der moderne Flachmann, mit dem man sogar telefonieren kann, verrät dem User jedes Geheimnis. Auf Kommando erscheint auch das Museum Corones von Reinhold Messner am gleichnamigen (ladinischen) Berggipfel auf dem Display. Schade, sagt da der Entdecker, der sich gerne überraschen lässt. Wer würde auf dem Kronplatz, der Nummer eins unter den Südtiroler Skigebieten, ein versehentlich gestrandetes Ufo vermuten, halb im Erdreich steckend? Den einen gefällt, was sich Zaha Hadid für den Berg ausgedacht hat, andere halten das Gebäude, das mit drei übergroßen Augen in die Landschaft glotzt, für ziemlich missraten. Wer das Gebäude betritt, erlebt dann doch noch eine Überraschung: das mit viel geschwungenen Linien aufwartende Innere. Was für ein Kontrast zu all den Alpin-Devotionalien, die hier ausgestellt sind, garniert mit ein paar Messner-Sinnsprüchen!

Man verlässt den Wallfahrtsort einigermaßen desorientiert, fragt sich möglicherweise, was hier verfehlt wurde: das Thema oder die Form? Vielleicht wäre es sinnvoller gewesen, eine rustikale Berghütte als Kulisse zum »klassischen Alpinismus« auf den Kronplatz zu stellen oder aus dem Kunstwerk der irakisch-britischen Architektin ein Museum für modernes Bauen in den Bergen zu machen. Was Reinhold Messner von der Idee gehalten hätte?

**MUSEUM CORONES**

2012 wurde Reinhold Messners Museum auf dem Gipfel des Skiberges Kronplatz (2275 m) eröffnet.

**PUSTERTAL, ITALIEN**

MessnerMountainMuseum Corones

**EIN GÖTTERTHRON**

Ob der griechische König Antiochos I. (69–36 v. Chr.) von den ägyptischen Pyramiden wusste? Seine Idee, den Berg Nemrut Dağı (2150 m) im Norden Mesopotamiens in ein riesiges Denkmal zu verwandeln, trägt auf jeden Fall fast pharaonische Züge. Er ließ den Gipfel um etwa fünfzig Meter aufschütten und drei große Terrassen anlegen, auf denen wuchtige Götterstatuen und Reliefstelen Platz fanden. Für die gesamte Anlage (die vermutlich unvollendet blieb) mussten rund 300 000 Tonnen Fels zerkleinert, zugehauen und aufgeschichtet werden – händisch. **ADIYAMAN, TÜRKEI**

**WEINLAND AM RHEIN: DER KAISERSTUHL**
Die Hügellandschaft am Oberrhein gilt als Wärmepol Deutschlands. Da verwundert es nicht, dass der Weinanbau hier eine lange, wohl bis auf die Römer zurückgehende Tradition hat. Höchster Punkt ist der Totenkopf (557 m) mit seinem Antennenstachel.
**OBERRHEIN, DEUTSCHLAND**

**REIS AUS DEN BERGEN**

Traditionell wird auf Bali der Reis auf terrassierten Feldern angebaut. Der Grund: das extrem schroffe Landschaftsprofil, das die Bauern zwang, in Etagen angeordnete und künstlich bewässerte Flächen zu schaffen. Im *Subak*, einer genossenschaftlichen Organisation, wird über die Zuteilung des Wassers entschieden. Vergleichbares kennt man von Wasserwegen (Waale, Suonen) in den Alpen. **BALI, INDONESIEN**

**LUXURIÖS ÜBER STOCK UND STEIN**

Wie ein Lindwurm schlängelt sich der Rovos Rail durch die Berglandschaft Afrikas. Benannt ist dieser Luxuszug nach seinem Begründer und Eigentümer Rohan Vos. Seit 1989 können Zugreisende auf Schienen den Südosten des afrikanischen Kontinents erleben.

**BOTSWANA/SÜDAFRIKA/SIMBABWE/SAMBIA/TANSANIA**

**DIE EIGER-NORDWAND**
Die F-5E Tiger II schafft 1650 Höhenmeter locker in weniger als zehn Sekunden. Daneben nehmen sich die 2:22 Stunden, die Ueli Steck im November 2015 für die Solodurchsteigung der Eiger-Nordwand benötigte, ziemlich bescheiden aus. Wer ihm bei seiner Speed-Kletterei zuschaut, könnte allerdings leicht glauben, dass auch Ueli Flügel gewachsen wären. Übrigens: Die Erstbesteiger benötigten 1938 drei Tage bis zum Gipfel des Eigers. **BERNER ALPEN, SCHWEIZ**

**MENSCH ODER TIER**
Im Grenzgebiet von Uganda, Ruanda und dem Kongo leben die letzten Berggorillas, aktuell etwa 1000 Tiere, die meisten in den Naturparks von Bwindi und Virunga. Die teilweise enge Nachbarschaft von Mensch und Tier verläuft allerdings nicht konfliktfrei. Gruppen von Berggorillas unternehmen immer wieder Raubzüge und plündern Äcker und Felder. Ganz oben auf dem Speisezettel der Tiere stehen die Teepflanzen, was den Bauern natürlich gar nicht gefällt. Der Bevölkerungszuwachs in der Region erhöht zudem den Druck auf die Schutzgebiete. Ob der Berggorilla eine Zukunft hat? **OSTAFRIKA**

**WÜSTENLEBEN**
Eine steinige Welt, der Oman: Sand, zerklüftete Felsen, tiefe Gräben. Doch dazwischen, wie im Wadi Ghul, immer wieder grüne Inseln, Oasen **WADI GHUL, OMAN**

**DAS GRÖSSTE BAUWERK DER WELT**

Mit einer Gesamtlänge von über 20 000 Kilometern ist die Chinesische Mauer – eigentlich ein ganzes System von Befestigungen im Norden Chinas – das größte Bauwerk der Menschheitsgeschichte. Die ältesten Abschnitte wurden in vorgeschichtlicher Zeit errichtet, die Große Mauer der Ming-Zeit (ca. 2400 km lang) entstand zwischen dem 15. und 17. Jahrhundert. **BEIJING, CHINA**

**TROLLSTIGEN**

Trollen wird man nicht begegnen, und der *Trollstigen* verläuft auch nicht über eine Stiege, dafür in elf elegant angelegten Schleifen von Åndalsnes am Isfjord bis zur Scheitelhöhe der Strecke (ca. 870 m). Besondere Attraktion: der 320 Meter hohe Stigfossen-Wasserfall.

**TROLLTINDENE, NORWEGEN**

**DER ZORN DES HIMMELS**
Funkenschlag über den Geislerspitzen. Gewitter sind in den Bergen besonders häufig, das vertikale Landschaftsprofil begünstigt ihre Entstehung, treibt auch die Regenmenge an.
**DOLOMITEN, ITALIEN**

# ZUKUNFT

# ZUKUNFT

Die Menschheit hat schon immer versucht, in die Zukunft zu schauen. Je nach Gegenstand lagen die Prognosen mal näher dran und mal weiter weg von der späteren Wirklichkeit. In Sachen Zukunft der Berge kann man keine exakten Vorhersagen treffen. Doch können Klimatologen und Glaziologen aufgrund der rasant steigenden Temperaturen und der Langlebigkeit des Treibhausgases Kohlendioxid in der Atmosphäre ein grobes Bild zeichnen, das uns in den nächsten Jahrzehnten in den Bergen der Welt erwarten wird. Fangen wir mit der Biodiversität an, die laut Biologen – zumindest eine Zeit lang – sogar einen positiven Schub bekommen wird. Durch die steigenden Temperaturen wandern Arten in höhere Regionen, bislang nicht besiedelte Höhenlagen der Berge können als Lebensraum dienen, zum Beispiel für die Zirbelkiefer, eine Spezialistin für eisige Verhältnisse. Und ganz unten am Fuß der Berge ziehen neue Arten ein. Durch ihre Vielgestaltigkeit und Kleinräumigkeit können Bergregionen zur Zufluchtsstätte für Arten werden, die anderswo durch die Klimakrise keine Chance mehr haben.

Dürre, Stürme, Schädlingsbefall – was der wirtschaftende Mensch als Katastrophe empfindet, führt in etlichen Bergwäldern zu mehr

**DER GROSSGLOCKNER**

Österreichs ganzer Stolz, mit 3978 Metern höchster Gipfel des Alpenlandes, ist längst ein Medienstar geworden, bestaunt und überrannt. Etwas von seinem Glanz hat er allerdings verloren, seitdem sein eisiger Umhang, die Pasterze, so löcherig wie ein von Ratten zerfressener Teppich daherkommt. Der Gletscher hat in den letzten 100 Jahren etwa die Hälfte seines Volumens eingebüßt.

**HOHE TAUERN, ÖSTERREICH**

Artenvielfalt. Aus Monokulturen werden wieder naturnähere Wälder, das kann man beispielsweise im Nationalpark Bayerischer Wald beobachten. Der Mensch sieht sich aber zunehmenden Bedrohungen in den Bergen ausgesetzt. Mehr Energie in der Atmosphäre führt zu extremeren Wetterereignissen, Hagelstürmen, Starkregen in der einen und Trockenheit in der anderen Region. Höhere Temperaturen bedeuten unberechenbareres Wetter; diese Gleichung ist im Prinzip richtig, wenngleich das globale Klimasystem hochkomplex ist. Wissenschaftler weisen auf sogenannte Kipppunkte hin, an denen sich ein System irreversibel verändert und Prozesse mit großer Geschwindigkeit verlaufen. Ansatzweise sieht man das bei den Gletschern: Fehlt wie im Jahr 2022 in den Alpen die schützende Schneeauflage, weil es im Winter kaum geschneit hat, schmelzen die Eismassen in einer nie da gewesenen Geschwindigkeit. Es ist Eis, das teils hunderte Jahre alt ist und das sich nicht einfach wieder bildet, wenn es mal einen schneereicheren, kälteren Winter gibt.

Fest steht für das Verhältnis Mensch/Berg: Es wird die nächsten Jahrzehnte ungemütlicher werden. Fels- und Bergstürze werden mehr, Überschwemmungen und Murgänge suchen Siedlungen und Infrastrukturen häufiger heim. Gletscher werden neue Seen hinterlassen, gerade im Himalaya stellt dies eine Bedrohung dar. Donnern Gesteinsmassen in solche Seen, können sie zerstörerische Flutwellen erzeugen. Eine düstere Zukunft, die kein Mensch genau vorhersagen kann.

## Zukunft

Man muss auch daran denken,
dass die Zukunft uns weder ganz
noch auch gar nicht gehört,
damit wir weder auf sie warten
als auf etwas, das sicher kommt,
noch auch an ihr verzweifeln als an etwas,
das sicher nicht kommt.

**EPIKUR VON SAMOS**

Griechischer Philosoph (341–271 v. Chr.)

**NICHT VON DIESER WELT?**
Als eisige Schönheit präsentiert sich der Mount Erebus, mit einer fantastischen Wolkenkrone. Oder doch einem Ufo? Der Mount Erebus (3794 m) ist der südlichste aktive Vulkan der Erde; er liegt knapp jenseits des 77. Breitengrades am Rand des Ross-Meeres auf der gleichnamigen, dem antarktischen Festland vorgelagerten Insel. **ROSS-INSEL, ANTARKTIS**

**LAWINENUNGLÜCK AN DER MARMOLADA**
Am 3. Juli 2022 brach an der Nordflanke der Marmolada (3343 m) ein Teil des Gletschers ab und stürzte talwärts, direkt auf die Normalroute zum Gipfel, riss Felsen und Geröll mit. Bei schönstem Sommerwetter waren mehrere Seilschaften unterwegs. Die Bilanz: elf Tote und acht Verletzte. Die Ursache: extreme Wärme (plus zehn Grad auf 3000 Metern) als Folge des Klimawandels.
**DOLOMITEN, ITALIEN**

**NOTLANDUNG IM GLETSCHEREIS**

Was für ein Irrflug! Bei Wien gestartet, in München zwischengelandet, dann Weiterflug Richtung Brenner, nach Westen in die Schweiz abgebogen und schließlich am 19. November 1946 im Eis des Gauligletschers gestrandet. Die Dakota DC-53 des US-Militärs hatte zwölf Personen an Bord, die den Absturz alle überlebten, teilweise sogar unverletzt. Fünf Tage harrten sie in dem Wrack aus. Ihre Rettung erfolgte passenderweise auf dem Luftweg, in acht Flügen mit zwei Kleinflugzeugen vom Typ Fieseler Fi 156, die für Starts und Landungen im Schnee umgerüstet wurden. Sensationell. Und ganz nebenbei die Geburtsstunde der legendären Schweizerischen Rettungsflugwacht REGA. Das Flugzeug verschwand im Eis – für 66 Jahre. Dann gab der Gletscher, gebeutelt vom Klimawandel, die Wrackteile nach und nach wieder frei. **GAULIGLETSCHER, SCHWEIZ**

**WIND UND WETTER**
Ein böiger Wind, aufziehende Nebel und diffuses Licht sorgen für eine mystische Stimmung am Gratrücken der Marbachhöhe (1814 m), **SALZBURGER SCHIEFERBERGE, ÖSTERREICH**

MULAS

**EIN WALLISER IN DEN ANDEN**
Mit seinen 6961 Metern ist der Aconcagua höchster Gipfel der Anden. Erstbesteiger war der Walliser Matthias Zurbriggen (1897), der als Bergführer weit in der Welt herumkam – vor mehr als hundert Jahren. **MENDOZA, ARGENTINIEN**

# DER BERG KOMMT

Es ist nur ein kleiner Flecken Berge in den Alpen, er zeigt aber die Dimensionen. Die Gemeinde Tux im Zillertal in Österreich hat bereits im Jahr 2010 ein Projekt genehmigt, das den Ortsteil Hintertux vor der zunehmenden Gefahr von Lawinen schützen soll. In den Jahren 2012 bis 2018 wurden erste Lawinenverbauungen angebracht und getestet, seit 2020 werden nun fast 10 000 Meter Lawinenverbauungen – das sind ca. 2200 Stahlschneebrücken – in den Steilhängen verankert. Der Forsttechnische Dienst Wildbach- und Lawinenverbauung schätzt die Kosten laut dem Faktenblatt »Hintertux-Lawine Ost Projekt 2019« auf 8,7 Millionen Euro. Insgesamt eine hohe Investition, die sich der Bund (55 %), das Land Tirol (20 %) und die Gemeinde (25 %) teilen.

Im Hintergrund steht ein Gefahrenzonenplan des österreichischen Land- und Forstwirtschaftsministeriums aus dem Jahr 2008, der etliche Hotels sowie Wohn- und Wirtschaftsgebäude und Zufahrtsstraßen in roten respektive gelben Lawinengefahrenzonen ausweist. Zonen also, in denen eine hohe Gefahr von Lawinenereignissen besteht und in denen Bauen verboten (rot) oder nur mit strengen Auflagen (gelb) möglich ist. Bei Lawinengefahr müssen Straßen gesperrt werden, was für Hintertux wirtschaftliche Einbußen bedeutet. Bis zu 5000 Personen sind gemäß Faktenblatt bei einer Straßensperre im Winter von Hintertux abgeschnitten, was den laufenden Skibetrieb beeinträchtigt.

Bis 2030 sollen die Lawinenverbauungen in Hintertux abgeschlossen sein, ihren Anfang nahmen die Schutzprojekte bereits 1994. Doch kann augenblicklich keiner genau sagen, ob es aufgrund der Klimakrise nicht neuer Verbauungen bedarf. Fest steht, dass in den Alpen in den kommenden Jahren Milliardeninvestitionen nötig sein werden, um die Gefahren von Lawinen, Überschwemmungen, Felsstürzen und Murgängen abzumildern. Vollkommenen Schutz garantieren die Maßnahmen aber nicht.

**ZU VIEL SCHNEE, ZU WENIG SCHNEE**
Allenthalben in den Alpen fehlt der Schnee, Kanonen sollen helfen. Und wo Lawinen drohen, wird auch gebaut, verbaut wie hier in Hintertux. Ein Rezept für die Zukunft? Wohl kaum. **TUXER GLETSCHER, ÖSTERREICH**

**EIN MYTHOS**
Was für eine Granitskulptur: der Cerro Torre, einer der schönsten Berge der Welt – und seit der (umstrittenen) Erstbesteigung durch Cesare Maestri und Toni Egger (1959) ein Mythos **PATAGONIEN, ARGENTINIEN**

## Von der Erde zum Mond

Murchison's Auge begleitete die Nadel seines Chronometers. Kaum noch vierzig Sekunden hatten zu verfließen, und jede dauerte eine Ewigkeit. Bei der zwanzigsten entstand ein allgemeines Schaudern, es fiel der Menge ein, daß die eingeschlossenen Reisenden ebenso die erschrecklichen Secunden zählen! Man vernahm einzelne Rufe: »Fünfunddreißig! – Sechsunddreißig! – Siebenunddreißig! – Achtunddreißig! – Neununddreißig – Vierzig! *Feuer!!!*« Sofort drückte Murchison mit dem Finger auf den Unterbrechungsapparat, daß die hergestellte Strömung den elektrischen Funken auf den innersten Grund der Columbiade leitete. Sofort ertönte ein fürchterlicher, unerhörter, donnerartiger Knall, ebenso wie das Blitzen und Krachen beim Ausbruch über alle menschlichen Begriffe hinaus ging. Eine himmelhohe Feuersäule schoß aus dem Boden, wie aus einem Krater empor. Die Erde erbebte, und kaum einzelne Personen konnten einen Augenblick das Projectil gewahren, wie es inmitten flammender Dünste siegreich in die Lüfte empor drang.

Der Feuerstrahl, welcher weißglühend zum Himmel sich erhob, verbreitete sein Licht über ganz Florida, und eine Weile war weit und breit das Land taghell erleuchtet.

**DER START DER COLUMBIADE ZU IHRER REISE ZUM MOND, JULES VERNE**

Französischer Schriftsteller (1828–1905)

**MONDBERGE**

Auch unser Trabant, mit etwa 3700 Kilometern Durchmesser deutlich kleiner als die Erde, ist ausgesprochen gebirgig. Als höchster Gipfel des Mondes gilt der Mons Huygens, der etwa 5500 Meter über dem (staubtrockenen) Mare Imbrium aufragt. Ob je eines Menschen Fuß seinen Gipfel betreten wird? **MARE IMBRIUM, MOND**

# REGISTER

# BILDNACHWEIS

Alamy Stock Photo: S. 268 (Skreidzeleu, Aliaksei)

Huber-images: S. 52 (Pavan, Aldo), 242/243 (Merten, Hans-Peter), 239 (Vaccarella, Luigi)

Laif: S. 1 (Cordier, Sylvain), 2/3 (Vasenev, Evgeny), 6/7 (Charton, Frank), 8/9, 18 (Cooper, Ashley), 12/13 (Goisque, Thomas), 14/15 (Turner, Alasdair), 31 (Gebhard, Peter), 94 (Azel, Jose), 102/103 (Michaux, Stéphane), 142 (Trubavin, Konstantin), 150 (Garcia, Julien), 188 (Vasenev, Evgeny), 204/205 (Kohut, Meridith), 230 (Siragusa, Massimo), 231 (Miracky, Jan), 240 (Voge, Jean Michel), 244 (Leroy, Francis), 246 (Jingwen, Ma), 248/249 (Galli, Max)

Mauritus: S. 24 (Ravara, Stefano), 56 (Liebermann, Stefan), 88 (Pixtal), 116 (Alamy Stock Photos), 133 (Niebrugge, Ron), 134/135 (Hanslien, Tom), 136/137 (Sonderegger, Christof), 143 (Postma, Robert), 153 (Cavalier, Michel), 160/161 (Morandi, Tuul und Bruno), 168 (Alborno, Andrea) 266/267 (Suhrie, Garret)

Lookphotos: S. 10/11 (van Dierendonck, Bernard), 36, 54/55, 144/145 (Minden Pictures), 59, 129, 174 (Hemis), 64/65 (Köster, David), 70, 146 (Harding, Robert), 74 (Richter, Tobias), 75 (ClickAlps), 78/79 (Strauß, Andreas), 82 (Frumolt, Christian), 98 (Tetra), 150 (Discherl, Reinhard),152, 164/165, 222 (age fotostock), 166 (Montico, Lionel), 176/177 (Bayerl, Günther), 190/191 (Frei, Franz Marc), 199 (Boyny, Michael), 203 (Schwab, Axel), 224 (Johaentges, Karl), 226 (Avalon.red2), 238 (Merz, Brigitte), 252 (Seehauser, Othmar), 262/263 (Canvan Images), 265 (Von Felbert, Peter)

Picture alliance: S. 220 (Hermes Images), 258 (Mangiapane, Guglielmo), 259 (Klaunzer, Peter)

Shutterstock: S. 4 (Garciaferro, Cristobal), 22/23 (RPBaiao), 28 (Kahanek, Petr), 30 (Gudkov, Andrey), 33 (Popescu, Cristi), 34/35 (hecke61), 43 (Watson, Landen) 48 (Poendl, Patrick), 50 (Mazureva, Anastasia), 60 (aventure007), 66 (Nedbal, Jan), 72/73 (Faugere, Christophe), 77 (Stiop, Alexey), 80/81 (Agent Wolf), 85 (Buriak, Iurii), 140 (Knitl, Michal), 154 (Bischoff, Lukas), 156/157 (cineuno), 158 (ShooLandia), 162 (Prosicky, Ondrej), 172(sixfournorth), 178 (Jiranarak, Sugrit), 186 (FreeProd33), 192 (Barone, Marco), 197 (Estivill, Marisa), 198 (trabantos), 200 (Liu, Jiaye), 202 (KarSol), 206 (Chun, Chen Min), 215 (pixelshop), 216 (giocalde), 218 (pio3), 228 (Chankawee, Siriwatthana), 235 (Aleksandravicius, A.), 236 (Intarachote, Kataleewan), 245 (Okamoto, Kawauso), 256 (Lodge, Michael)

National-Geographic-Archiv: S. 39, 97, 106, 115, 119, 120, 124, 122/123, 232

Bleyer, Aneta und Dirk: S. 126; Famiani, Giuseppe Mario: S. 182/183; Fotoarchiv Tourismusverband Val di Fassa (Ramirez, Patrizia): S. 138/139; Friedrich, Tobias: S. 16, 170/171; Gantzhorn, Ralf: S. 42; Hefele, Stefan: S. 40, 62/63, 100/101, 130 ; Hiscano, Dwight: S. 180/181; Huber, Alexander: S. 104/105; Kantioler, Georg: S. 250/251; Kaszlikowski, David: S. 92/93; Köster, David: S. 90/91; Nimmesgern, Stefan: S. 184; Philipp, Uta: S. 260/261; Saikaly, Elia: S. 45, 46/47; Salcher, Jona: S. 112; Schoeneberg, Marko: S. 110; Sridhar, Sankar: S. 114; Steinhilber, Berthold: S. 86/87, 208, 210/211, 212/213

# TEXTNACHWEIS

Michael Ruhland verfasste die Texte zu: Vorwort S. 16–19; Regengaranten S. 32; Wasserkraft S. 66–68; Fall aus der Frühzeit S. 96; Bergleben S. 107–108; Eis vom Höchsten S. 128; Barfuss-Verbot S. 167; Mondsüchtig S.176–177; Meisterwerk der Ingenieurskunst S. 209; Hommage und Fauxpas S. 233; Zukunft S. 253–254; Der Berg kommt S. 264.
Eugen Hüsler verfasste die Texte zu: Monumente S. 25f.; Die Berge der Welt S. 38–41; Die Katastrophe von Vajont, S. 84; Dolomitenkrieg S. 111; Schlangenlinien S. 117; Steinzeit 147–149; Die Orgelpfeifen in den Pyrenäen; Werkstatt 193–195; Die Festung der Savoyer S. 214; Pulitzer-Preisträgerin trifft Gipfelstürmer S. 234. Eugen Hüsler verfasste alle Bildlegenden mit Ausnahme der Seiten: 17, 32, 104, 177, 210, 233, (Michael Ruhland).